AF544253

Royal Botanic Gardens Kew

HÉLÈNA DOVE

GEMÜSE

Haupt
NATUR

Royal Botanic Gardens Kew

HÉLÈNA DOVE

GEMÜSE

ANBAU, PFLEGE, ERNTE

mit 65 Pflanzenporträts und zahlreichen Sortentipps

Haupt Verlag

Inhalt

Grundlagen für den Gemüsegarten

—

GEMÜSE TUT GUT

Gemüse anzupflanzen ist für viele Menschen mehr als ein Zeitvertreib, es ist ein Lebensstil. Das Gärtnern ist ein schönes Hobby, aber der Anbau von Zutaten für die Küche hat noch viele weitere Vorteile.

Wer Gemüse selbst aus Samen oder Jungpflanzen heranzieht, kann die Anbaumethode bestimmen. Für viele Gärtner bedeutet das, auf Chemikalien zu verzichten. Gemüse aus kommerziellem Anbau wird häufig mit chemischen Pflanzenschutzmitteln behandelt, um Krankheiten und Schädlinge in Schach zu halten und um möglichst makellos aussehende Produkte zu ernten. Diese Chemikalien schaden aber der Umwelt und fast immer landen Rückstände auch auf unseren Tellern. Dabei gibt es Alternativen: Zumindest im eigenen Garten kann man Krankheiten und Schädlinge auch mit biologischen Methoden bekämpfen (siehe Seite 132–135).

Ein weiterer Vorteil: Den Garten am Haus erreicht man mit wenigen Schritten, den Schrebergarten per Fahrrad. Gemüse aus dem Supermarkt wird größtenteils per Lastwagen oder Flugzeug über weite Strecken transportiert und auch das ist problematisch für die Umwelt. Transport und Verpackung belasten aber nicht nur die Umwelt, sondern auch die Lebensmittel. Vom Moment der Ernte an gehen Nährstoffe, Süße und Geschmack langsam verloren, schon darum sind frische Erzeugnisse aus der Region wertvoller.

Manche Gemüsearten können selbst auf kurzen Transportwegen Schaden nehmen. Blattgemüse wie Mangold welkt schnell. Wenn er im Geschäft ankommt, ist er zwar noch essbar, sieht aber oft nicht mehr so appetitlich aus. Andere Sorten sind vielleicht nicht erhältlich, weil die Nachfrage zu gering ist oder weil sie nicht «perfekt» aussehen. In diese Kategorie fallen viele alte Gemüsesorten mit ungewöhnlichem Äußeren. Ein Beispiel ist die Rote-Bete-Sorte 'Crapaudine' mit ihrer rauen Schale. Alte Sorten wachsen oft unregelmäßig, sind anfällig für Krankheiten und der gewerbliche Anbau ist teurer, weil die Erträge kleiner ausfallen. Dafür überzeugen sie oft durch Geschmack oder Konsistenz. Die alte Tomatensorte 'Ananas' (eingeführt 1894) hat beispielsweise ein köstliches Ananasaroma.

LINKS: Radieschen, Paprika, Zucchini und Salat frisch aus dem eigenen Garten zu verwenden, macht Freude und schmeckt.

Neben historischen Sorten kann man im eigenen Garten auch Gemüsearten ausprobieren, die sich bislang für unser Klima nicht geeignet haben und die man darum nicht oder nur selten kaufen kann. Oka *(Oxalis tuberosa)* ist ein Knollengemüse aus den Anden. Züchter arbeiten noch daran, Sorten mit kommerziell lohnenden Erträgen zu entwickeln. Für den Privatgebrauch genügt eine Pflanze, um das interessante Gemüse einmal zu probieren.

Wer Gemüse aus dem Garten erntet, bereitet es normalerweise selbst frisch zu – gesünder kann man sich kaum ernähren. Die körperliche Bewegung bei der Gartenarbeit ist gesund. Außerdem ist nachgewiesen, dass die Aktivität im Freien und das Einholen der eigenen Ernte Zufriedenheit schenken und die Stimmung aufhellen. Ein Gemüsegarten ist also auch gut für die Psyche.

WAS GEDEIHT WO?

Damit ein Gemüsegarten gute Erträge abwirft, ist es wichtig, die Wachstumsbedingungen genau zu kennen. Bevor Sie die ersten Samen in die Erde legen, sollten Sie ihren Garten genau unter die Lupe nehmen. Wohin fällt die Sonne im Lauf des Tages? Wie ist der Boden beschaffen? Was wächst dort bereits gut? Die Antworten auf diese drei Fragen geben Hinweise darauf, welche Nutzpflanzen am besten gedeihen werden.

Winterhärte

Bei den Pflanzenprofilen in diesem Buch sind jeweils Informationen dazu angegeben, wie gut die Pflanzen mit Kälte zurechtkommen. Neben der Temperatur spielen für das Überleben noch viele weitere Aspekte eine Rolle, zum Beispiel die Wind- und Grundwasserverhältnisse, Bodenart und Niederschlagsmenge. Fragen Sie im Zweifelsfall bei der Gärtnerei oder dem Gartenfachhändler nach, wo Sie die Pflanzen bzw. Samen beziehen.

Pflanzen, für die das örtliche Klima eigentlich zu kalt ist, können Sie in einem Gewächshaus oder einem Frühbeet kultivieren. Wenn der geschützte Bereich zudem geheizt werden kann, vergrößert sich die Palette an möglichen Arten noch einmal. Zusätzlich lässt sich so auch die Erntesaison verlängern.

Auf der anderen Seite existieren auch einige Gemüsearten, die Hitze nicht sonderlich gut vertragen. Die meisten Kohlarten haben es beispielsweise gern etwas kühler. Bei zu viel Wärme schießen sie auf und werden ungenießbar. Darum sät man sie am besten zeitig im Frühjahr, im Herbst oder an einem leicht beschatteten Platz. Inzwischen gibt es aber auch Sorten wie Pak Choi 'Joi Choi F1' oder 'Extra Dwarf', die höhere Temperaturen vertragen.

Mikroklima

Jeder Bereich im Garten hat sein eigenes Mikroklima. Bestimmt wird es durch die Beschaffenheit des Geländes, aber auch durch Gebäude oder gepflasterte Flächen. Das Mikroklima beeinflusst, was in welchem Gartenteil gut wächst.

Erste Anhaltspunkte dafür, welche Pflanzen sich für die Region eignen, gibt die Höhe über dem Meeresspiegel. Je höher ein Grundstück liegt, desto kühler und windiger ist es. Wind kann die Blätter von Nutzpflanzen beschädigen und er macht es Insekten schwer, die Blüten zu bestäuben. Auf windigen Grundstücken können Küstenpflanzen wie Kohl und Meerkohl gedeihen. Mit Hecken, Mauern oder Gebäuden

Rhabarber lässt sich im Dunkeln vortreiben. Später sollten die Blätter aber im Licht weiterwachsen.

Gemüse im Dunkeln kultivieren
Die Erntesaison von Rhabarber, Meerkohl und Chicorée lässt sich verlängern, indem man einige Exemplare früh im Jahr im Dunkeln treibt. Dabei wird die Pflanze abgedeckt, sodass sie kein Licht bekommt. Dann holt man sie ins Haus oder sorgt durch eine Abdeckung mit Gartenvlies oder Stallmist für Wärme. Die Pflanze mobilisiert dann ihre Energiereserven, um ans Licht zu wachsen. Ohne Licht bleiben die Triebe blass, schmecken aber milder und süßer. Im Dunkeln getriebenes Gemüse kann oft mehrere Wochen früher geerntet werden. Näheres zum Treiben von Rhabarber findet sich auf Seite 110.

lassen sich aber auch geschützte Bereiche für Tomaten und andere empfindliche Arten schaffen.

Wichtig ist auch die Topografie des Grundstücks. Liegt es an einem Hang, spielt die Hangrichtung eine erhebliche Rolle, außerdem muss meist oben und manchmal auch unten die Dränage verbessert werden. Aber auch bei ebenen Gärten nimmt die Ausrichtung Einfluss darauf, wie die Sonne einfällt. Auf der nördlichen Halbkugel ist ein nach Süden gelegener Garten warm und bekommt viel Sonnenlicht. Nordgärten sind schattiger und kühler – ideal für Blattgemüse.

Achten Sie auf Frostfallen und windgeschützte Stellen. Frostfallen sind in den kalten Monaten gut zu erkennen. Meist handelt es sich um kleine Vertiefungen, in denen sich kalte Luft sammeln kann. Sie erwärmen sich im Frühling später und kühlen zum Ende der Saison schneller ab, darum sollten hier keine empfindlichen Arten wie Paprika oder Tomaten gepflanzt werden. Windgeschützte Stellen hingegen haben oft ein etwas wärmeres Mikroklima. Sie eignen sich ausgezeichnet für Tomaten, Paprika und andere kälteempfindliche Arten, aber auch mehrjährigem Gemüse wie Artischocken bekommt die frühe Erwärmung solcher Standorte gut.

Um den Bodentyp und den pH-Wert zu bestimmen, nehmen Sie an mehreren Stellen des Gartens kleine Bodenproben.

Bodenprobe

Um den Bodentyp festzustellen, drücken Sie eine Handvoll feuchten Boden zusammen. Zerfällt er leicht, enthält er viel Sand. Fühlt er sich glatt an und lässt sich gut formen, ist der Tonanteil hoch. Test-Sets zum Bestimmen des Boden-pH-Werts gibt es im Fachhandel oder im Gartencenter.

Boden

Der Boden ist im Gemüsegarten ein entscheidender Faktor. Um zu entscheiden, was dort erfolgreich angepflanzt werden kann, müssen Sie seine Eigenschaften kennen. Diese Eigenschaften beruhen auf den drei Hauptbestandteilen des Bodens – Ton, Schluff und Sand. Ton hat die kleinsten Partikel. Sie binden sich leicht an andere Partikel. Tonboden ist nährstoffreich und lässt Wasser nur langsam durchsickern. Er erwärmt sich im Frühling nur langsam und trocknet sehr langsam ab, dadurch ist er oft feucht und neigt dazu, sich zu verdichten.

Sand hat die größten Partikel. Sandboden ist sehr durchlässig und erwärmt sich im Frühling schnell, ist aber nicht sonderlich nährstoffreich und trocknet schnell aus. Schluffpartikel sind von mittlerer Größe. Die Eigenschaften von Schluffböden liegen zwischen Ton- und Lehmboden. In kaum einem Garten lässt sich der Boden genau einem der drei Bodentypen zuordnen, meist liegt eine Mischung vor. Als ideal gilt ein Lehmboden. Er besteht aus etwa 40 Prozent Sand, 40 Prozent Schluff und 30 Prozent Ton.

Um den Boden Ihres Grundstücks zu untersuchen, können Sie eine Probe an ein Labor schicken, das Nährstoffgehalt und pH-Wert bestimmt. Test-Sets für den Eigengebrauch (siehe Kasten oben) liefern weniger exakte Ergebnisse. Wer seinen Bodentyp bestimmt hat, kann ihn bei Bedarf gezielt aufwerten. Verrottete organische Substanz verbessert die Dränage von Tonböden, reichert aber auch Sandböden mit Nährstoffen an. In Bereichen mit geringer Fruchtbarkeit, schlechter Dränage oder mangelhaftem Wasserhaltevermögen sollten Sie möglichst viel organische Substanz in den Boden einarbeiten. Es ist jedoch kaum möglich, den vorliegenden Bodentyp zu verändern – sinnvoller ist es, Gemüsearten zu wählen, die mit den Bedingungen gut zurechtkommen. Wurzelgemüse beispielsweise bevorzugt sandigen, durchlässigen Boden, Kohl hingegen gedeiht gut auf schwerem, nährstoffreichem Boden.

Auch der pH-Wert bestimmt, welche Pflanzen in Ihrem Garten gedeihen. Der pH-Wert gibt den Säuregehalt des Bodens auf einer Skala von 0 bis 14 an. Ein Wert von 7 ist neutral, 14 ist stark basisch, 0 stark sauer. Die meisten Böden sind schwach sauer. Der pH-Wert eines gesunden Bodens liegt zwischen 5,5 und 7,5. Um den pH-Wert anzuheben, können Sie den Boden kalken, um ihn zu senken, können Sie Schwefel zugeben. Beides verändert den pH-Wert aber nur vorübergehend. Besser ist es, geeignete Pflanzenarten zu wählen. Alternativ können Sie Pflanzen, die sauren Boden bevorzugen, auch in Kübeln mit Moorbeeterde kultivieren. Kartoffeln beispielsweise sind in saurem Boden weniger anfällig für Schorf.

Licht

Schließlich ist noch der Lichteinfall zu beachten. Mauern, Hecken, Zäune und Bäume werfen ganztägig oder stundenweise Schatten. Solche Standorte lassen sich für Gemüsearten nutzen, die die Hochsommerhitze schlecht vertragen. Der Schatten verhindert zudem, dass Setzlinge zu schnell wachsen. Pflanzen, die viel Wärme brauchen, sollten Sie in Bereiche setzen, die am meisten Sonne bekommen. Achten Sie beim Aufstellen von Bohnenstangen oder anderen hohen Elementen auch darauf, wohin ihr Schatten fällt (siehe auch Seite 128).

GUT KOMBINIERT

Wer erfolgreich Gemüse anpflanzen will, sollte nicht versuchen, die Gegebenheiten grundsätzlich zu verändern, sondern lieber Arten wählen, die unter den jeweiligen Bedingungen gut gedeihen. In einem traditionellen Gemüsegarten werden bestimmte Arten zu Gruppen zusammengefasst und in jährlicher Rotation auf eine andere Fläche gepflanzt. Dadurch lässt sich vermeiden, dass sich Krankheitserreger, die bestimmte Arten befallen, im Boden etablieren. Durch die verschiedenen Nährstoffansprüche der Pflanzen wird zudem der Boden nicht so schnell ausgelaugt. Innerhalb einer Gruppe ähneln sich jedoch die Ansprüche, was den Anbau und die Pflege erleichtert. Es gibt verschiedene Möglichkeiten der Gruppenbildung:

Zwiebelgemüse

In diese Gruppe fallen Zwiebeln *(Allium cepa)*, Knoblauch *(A. sativum)* und Lauch *(A. porrum)*. Wegen des herzhaften Geschmacks finden sich *Allium*-Arten in vielen Gerichten, bauen Sie also genug an. Da sich viele Zwiebelarten gut trocknen und lagern lassen, eignen sie sich ausgezeichnet für den Wintervorrat.

Der starke Geruch von Zwiebelgewächsen überdeckt den Duft anderer Pflanzen. Pflanzt man Zwiebelgewächse neben Möhren, überdecken sie den Geruch, den beschädigte Möhrenblätter beim Ausdünnen oder Jäten abgeben, und die Möhrenfliege findet ihre «Beute» nicht (siehe Seite 134). Anfällig sind *Allium*-Arten für die Zwiebelfliege, die im Frühling und Herbst ihre Eier auf das Laub legt. Die Larven fressen dann die Stiele und Blätter, was zu Wachstumsstörungen führt. Mit einem feinen Netz lässt sich der Befall vermeiden.

Zwiebelgewächse sind einkeimblättrig. Sie bilden riemenförmige Blätter und haben meist eine verdickte Basis. Die meisten

Teile sind essbar: die Zwiebeln selbst, die Blätter und beispielsweise auch Knoblauchblüten. Die meisten Zwiebelgewächse sind einjährig. Lauch *(A. porrum)* ist mehrjährig, die Winterzwiebel *(A. fistulosum)* ist immergrün. Viele Arten stammen aus heiß-trockenem Klima und bevorzugen im Garten durchlässigen Boden, der sich im Hochsommer stark erwärmt. Sie überstehen aber auch kühlere Bedingungen. In feuchtem Boden gedeihen sie nicht sonderlich gut.

Kohlgemüse
Alle Kreuzblütler (Brassicaceae) geben einen scharfen, senfartigen Geruch ab, mit dem sie sich selbst vor Schädlingen schützen. Zu der großen Pflanzenfamilie gehören Arten mit unterschiedlicher Gestalt, vom Blattgemüse wie Wirsing *(Brassica oleracea)* über essbare Blütenstände wie Blumenkohl (*Brassica oleracea* Botrytis-Gruppe) bis zu Wurzelgemüse wie Rüben *(Brassica rapa)*.

Brassica-Arten bevorzugen einen kühleren Standort und viele brauchen lange, um auszureifen. Sie gehören zu den kälteverträglichsten Gemüsearten, manche können bis in den Winter geerntet werden. Interessant ist, dass viele der heute als Gemüse genossenen Arten von der Wildform *B. oleracea* abstammen. Beim Kopfkohl (*B. oleracea* Capitata-Gruppe) handelt es sich um die große, endständige Knospe, bei Rosenkohl (Gemmifera-Gruppe) um die Axillarknospen und bei Blumenkohl (Botrytis-Gruppe) um den essbaren Blütenstand der Pflanze.

Kohlgewächse bevorzugen sauren Boden, tolerieren aber auch basische Bedingungen. Das ist ein Vorteil, denn durch Anheben des pH-Werts lässt sich das Risiko der Kohlhernie (siehe Seite 134) verringern. Anfällig sind Kohlgewächse außerdem für Taubenfraß, Kohlweißlinge und Kohlfliegen (siehe Seite 132–134), Schäden lassen sich aber durch Barrieren verringern. Durch starken Wind können die Wurzeln Schaden nehmen. Darum ist es wichtig, Kohlgewächse beim Umpflanzen tief in den Boden zu setzen und sehr gut anzudrücken.

Fruchtgemüse
Von Fruchtgemüse wird normalerweise die fleischige Umhüllung der Samen verzehrt, aber auch andere Teile können essbar sein, beispielsweise die Samen einiger Kürbisarten *(Cucurbita pepo)*. Streng genommen handelt es sich also nicht um Gemüse, sondern um Früchte, tatsächlich entwickeln einige im Sommer eine gewisse Süße. Mit ihren leuchtenden Rot-, Orange- und Gelbtönen sehen sie im Garten sehr dekorativ aus (siehe Seite 54). Zu den beliebtesten Arten zählen Tomaten *(Lycopersicon esculentum)*, Paprika *(Capsicum annuum)* und Auberginen *(Solanum melongena)*.

Fruchtgemüse ist meist frostempfindlich, braucht Wärme zur Keimung und hat eine lange Reifungszeit. Darum zieht man die Pflanzen in Anzuchttöpfen vor und pflanzt sie erst nach den letzten Nachtfrösten aus. Sie brauchen einen warmen Standort und profitieren von Mulch, der Nährstoffe abgibt und Unkraut unterdrückt. Besonders gut lässt sich Fruchtgemüse im Gewächshaus kultivieren.

Bauen Sie Ihr Gemüse in Gruppen an, zum Beispiel (im Uhrzeigersinn von oben links): Zwiebelgewächse, Kohlarten, Fruchtgemüse, Wurzelgemüse, Hülsenfrüchte und Salate.

Blattgemüse
In diese große Gruppe fallen viele Pflanzen, deren essbare Blätter man roh für Salate verwenden, aber auch kochen kann. Die Bandbreite reicht vom Kopfsalat *(Lactuca sativa)* über Spinat *(Spinacia oleracea)* bis zu überwintertem, zartbitterem Chicorée *(Cichorium intybus)*. Blattgemüse gedeiht gut in Kübeln. Einige Arten treiben mehrmals wieder aus, wenn man die Blätter schneidet.

Viele Blattgemüsearten bilden winzige Samen, die im Beet schwer keimen, wenn der Boden nicht sehr feinkrümelig ist. Meist ist es darum sinnvoll, sie vorzuziehen und später auszupflanzen. Einige Arten sind temperaturempfindlich: Ist es zu kalt, keimen sie nicht, ist es zu heiß, schießen sie auf. Das gilt besonders für Kopfsalate und Kreuzblütler wie Rucola *(Eruca vesicaria)*. Wenn Blattgemüse schießt, um Blüten zu bilden, werden die Blätter oft ungenießbar. Kopfsalat kann bitter werden und Kreuzblütler entwickeln ein schärferes Senfaroma.

Blattgemüse bevorzugen vor allem im Sommer etwas Schatten. Für sie eignet sich eine Ecke, die weniger Sonne bekommt. Sie

Schon die Ernte ist ein Genuss: Salat aus dem eigenen Anbau.

können auch zwischen höhere Gemüsearten gepflanzt werden, sodass sie in deren Schatten stehen (siehe Seite 24).

Hülsenfrüchte
Zu dieser Gemüsefamilie gehören Klassiker wie Erbsen *(Pisum sativum)* und Bohnen. Viele Arten klettern und alle besitzen Knötchen an den Wurzeln, in denen Bakterien leben. Diese Knöllchenbakterien binden Stickstoff aus der Luft. Die Pflanzen benötigen daher kaum Dünger und hinterlassen nach der Ernte mit Stickstoff angereicherten Boden zurück.

Von vielen Hülsenfrüchten werden die unreifen Samen verzehrt, etwa bei Erbsen. Bei Buschbohnen *(Phaseolus vulgaris)* isst man auch die zarten Hülsen. Junge Triebspitzen und Halteranken von Erbsen sind eine interessante und schmackhafte Salatzutat. Die Samen von Hülsenfrüchten sind leicht zu ernten (siehe Seite 118). Man kann sie trocknen und dann einlagern, um sie den Winter über zu genießen.

Wurzelgemüse
In diese Gruppe fallen Pflanzen, die ganz oder teilweise unterirdisch liegende Speicherorgane bilden. Dabei handelt es sich botanisch gesehen aber nicht immer um eine echte Wurzel. Von Möhren (*Daucus carota* subsp. *sativus*) und Pastinaken *(Pastinaca sativa)* beispielsweise verzehren wir die Wurzeln, bei Kartoffeln hingegen *(Solanum tuberosum)* handelt es sich botanisch gesehen um Sprossknollen. Auch bei Rote Bete *(Beta vulgaris)* und Rüben essen wir die Verdickungen des Sprosses, die eigentlichen Wurzeln befinden sich an deren Spitze. Der Einfachheit halber bezeichnet man beide Typen meist als Wurzelgemüse.

Viele Wurzelgemüsearten brauchen einen durchlässigen Boden, bei zu viel Feuchtigkeit faulen sie. Wenn die empfindliche Wurzelspitze auf ein Hindernis trifft und abbricht, entwickelt sich weiter oben eine neue Wurzel. Dann verzweigen sich die Pfahlwurzeln, was für Möhren und

Pastinaken, die verkauft werden sollen, unerwünscht ist. Ideal ist ein sandiger, lockerer Boden ohne Steine, der den wachsenden Wurzeln wenig Widerstand bietet.

EINJÄHRIGE, ZWEIJÄHRIGE UND MEHRJÄHRIGE

Auch der Lebenszyklus einer Pflanze sollte bei der Standortwahl bedacht werden. Pflanzen, die älter als zwei oder drei Jahre werden, brauchen einen Platz, an dem sie sich dauerhaft wohlfühlen. Solche mehrjährigen Pflanzen werden im ersten Jahr nicht geerntet, damit sie sich etablieren können. Danach liefern sie früh im Jahr, wenn noch wenig wächst, köstliche Erträge.

Einjährige Pflanzen vollenden ihren ganzen Lebenszyklus innerhalb eines Jahres. Viele Gemüsearten, etwa Salat oder Zucchini, werden einjährig kultiviert und aus Samen gezogen. Manche sind in ihrer natürlichen Umgebung mehrjährig, überdauern aber unsere kalten, nassen Winter nicht. Dazu gehören einige Paprikasorten (die im Gewächshaus überwintert werden können) und Feuerbohnen.

Die dritte Gruppe bilden die Zweijährigen, die erst im zweiten Standjahr Samen bilden. Zu ihnen gehören Möhren und Pastinaken – das gilt es zu bedenken, wenn Sie Samen ernten möchten (siehe Seite 118). Die Wurzeln selbst können Sie jedoch im ersten Jahr ernten.

DEN BODEN VORBEREITEN

Wenn die Auswahl der Gemüsearten getroffen ist, bereiten Sie die Pflanzfläche vor. Damit ist in erster Linie der Boden gemeint. Entfernen Sie zuerst das Unkraut gründlich, denn den Nutzpflanzen bekommt die Konkurrenz nicht. Außerdem sind junge Unkräuter nicht immer leicht von jungen Gemüsepflanzen zu unterscheiden, einige Unkräuter können zudem Krankheiten auf Nutzpflanzen übertragen.

Beobachten Sie, was im Garten wächst: Einjährige wie Behaartes Schaumkraut *(Cardamine hirsuta)* oder Mehrjährige wie Zaunwinde *(Calystegia sepium)*? Einjähriges Unkraut kann man mit der Hacke entfernen, manchmal läuft es aber aus Samen im Boden erneut auf. Es lässt sich beseitigen, indem man regelmäßig hackt, bevor es Samen bildet. Mehrjähriges Unkraut können Sie ausgraben oder so schwächen, dass es nach einigen Jahren aufgibt. Das gelingt, indem Sie regelmäßig hacken, die grünen Teile entfernen und mulchen.

Seien Sie beim Ausgraben gründlich, denn mehrjähriges Unkraut wächst aus kleinsten Wurzelstücken, die im Boden bleiben, wieder nach. Das zeugt vom Überlebenswillen der Pflanzen, ist für den Gärtner aber frustrierend. Unkraut gibt es in jedem Gemüsegarten. Die Kunst besteht darin, die Oberhand zu behalten. Einige Unkräuter sind übrigens essbar – eine Eigenschaft, die sie bedeutend weniger unliebsam macht.

Im zweiten Schritt geht es darum, den Boden zu pflegen und so vorzubereiten, dass er feinkrümelig ist. Große Klumpen können Wurzeln auf ihrer Suche nach Wasser und Nährstoffen nicht durchdringen. Das lässt sich gut ohne Spaten

Im Herbst oder Frühjahr ausgebrachter Mulch unterdrückt Unkraut.

bewerkstelligen. Verteilen Sie einfach im zeitigen Frühjahr oder im Herbst eine 5 cm dicke Mulchschicht auf der Beetfläche. Sie verwandelt sich in die Deckschicht des Bodens, in die später gesät oder gepflanzt werden kann. Diese Methode entspricht der Bodenbildung in der Natur: Organische Substanz fällt auf den Boden, zersetzt sich langsam und wird von Würmern und anderen Bodenorganismen durchmischt.

Die Mulchschicht hat einen weiteren Vorteil: Sie unterdrückt die meisten einjährigen Unkräuter und weil nicht umgegraben wird, gelangen auch keine Unkrautsamen an die Oberfläche, wo sie keimen könnten. Zugleich schwächt die Mulchschicht mehrjährige Unkräuter, viele sterben sogar innerhalb von etwa drei Jahren ab. Dass der Mulch die Verdunstung von Bodenfeuchtigkeit hemmt, ist ein weiteres Plus. Geeignete Mulchmaterialien sind gut verrotteter Kompost, Stallmist oder eine Mischung daraus. Schon darum ist es sinnvoll, im Garten Küchenabfälle, einjährige Unkräuter, Rasenschnitt und geschreddertes Buschwerk zu kompostieren.

Eine andere Möglichkeit, um dem Boden Nährstoffe zuzufügen, Unkraut zu unterdrücken und die Verdunstung zu reduzieren, ist eine Gründüngung mit Pflanzen wie Bienenfreund *(Phacelia tanacetifolia)* oder Weißer Senf *(Sinapis alba)*. Verteilen Sie die Samen großzügig auf der Erde. Dann bilden die Pflanzen eine dichte Blätterdecke, die Sie später untergraben oder -hacken. Die Wurzeln bleiben im Boden, das Blattwerk wird kompostiert und kann wieder als Mulch verwendet werden. Gründünger ist ideal für Flächen, die eine Zeitlang frei bleiben, etwa ein Beet, das später im Jahr mit frostempfindlichem Gemüse bepflanzt werden soll.

Die wichtigsten Werkzeuge
Für die verschiedenen Pflegearbeiten, die im Jahreslauf anfallen, brauchen Sie gutes Werkzeug:

- Gartenhacke – zum schnellen Jäten in Beeten
- Grabgabel – zum Ausgraben von Wurzelgemüse
- Harke – zum Glätten der Pflanzflächen
- Handschaufel – zum Auspflanzen von Setzlingen
- Gartenschere – zum Ernten von Tomaten und anderem Fruchtgemüse
- Gießkanne – zum Bewässern und Düngen
- Anzuchterde – für die Aussaat
- Anzuchtschalen und -töpfe – für die Aussaat
- Schnur – zum Anbinden von Gurken, Tomaten, Bohnen usw.
- Stangen und Stützen – für kletternde Pflanzen

Wichtig ist, das Werkzeug nach jeder Benutzung zu reinigen, um die Übertragung von Krankheiten zu vermeiden. Außerdem hält gepflegtes Werkzeug länger. Waschen Sie Töpfe und Kübel mit Seifenwasser aus, Spaten und Schaufeln wischt man mit einem Öllappen ab. Einmal im Jahr sollten Sie Holzstiele einölen und die Metallkanten von Hacken und Spaten schärfen.

Nützliche Extras
Neben der Grundausstattung haben sich einige weitere Helfer im Gemüsegarten bewährt:

- heizbarer Anzuchtkasten – um früher im Jahr aussäen zu können
- Thermometer – um die Anzuchttemperatur im Blick zu behalten
- Gartenvlies, Jutesäcke oder Kokosmatten – um Pflanzen vor Kälte zu schützen
- kaltes Frühbeet – zum Abhärten von Jungpflanzen

AUSWAHL UND EINKAUF

Gemüse wird meist einjährig kultiviert, der Garten wird also jedes Jahr neu bepflanzt. Dadurch bietet sich die Möglichkeit, neue Arten und Sorten auszuprobieren und aus den Fehlern des Vorjahres zu lernen. Die Planung für das neue Gartenjahr beginnt oft schon mitten im Winter, wenn man es sich mit Saatgutkatalogen auf dem Sofa gemütlich machen kann.

Überlegen Sie als Erstes, welche Gemüsearten bei Ihnen gut wachsen. Es ergibt wenig Sinn, wärmehungrige Arten wie Tomaten in einen Garten zu pflanzen, der wenig Sonne bekommt – es sei denn, Sie setzen sie in einen Kübel und stellen sie im Sommer an einen geschützten Platz.

Natürlich müssen es Arten sein, die Sie gern essen. Was nützt ein ganzes Beet voller Rüben, wenn niemand sie gern mag! Auch der finanzielle Wert der Gemüseart spielt eine Rolle, vor allem bei begrenzter Fläche. Kohl kostet beispielsweise nicht viel, nimmt aber im Beet viel Platz ein. Spargel dagegen ist köstlich, aber teuer.

Dann ist zu überlegen, ob Sie Gemüse aussäen oder Jungpflanzen kaufen wollen. Inzwischen kann man Jungpflanzen sogar im Versandhandel bestellen. Jungpflanzen sind etwas teurer als Samen und die Auswahl an Sorten ist meist kleiner. Dafür entfällt der zusätzliche Platz- und Zeitbedarf für die Anzucht und Sie brauchen sich keine Sorgen zu machen, ob Ihre Samen keimen. Bei der Aussaat kann es gelegentlich vorkommen, dass eine ganze Sorte ausfällt.

Vor allem mehrjährige Arten wie Rhabarber und Spargel sind schwierig aus Samen heranzuziehen. Wer sie im Herbst pflanzt, kann mindestens ein Jahr früher ernten.

Aber auch die Aussaat hat ihre Vorteile. Samen sind relativ preiswert und eine Tüte reicht oft für mehrere Jahre. Samen mit kürzerer Haltbarkeit kann man mit anderen Gärtnern tauschen. Die Sortenvielfalt bei Samen ist ausgesprochen groß, sodass Sie, wenn Sie Ihr Grundstück gut kennen, genau die zum Mikroklima passenden Sorten wählen können.

Kompakt wachsende Sorten eignen sich gut für kleine Nutzgärten oder Kübel. Hängende Cocktailtomaten gedeihen sogar in einer Blumenampel und nehmen viel weniger Platz ein als Strauchtomaten. Viele neuere Züchtungen zeichnen sich außerdem durch eine gewisse Toleranz gegen Schädlinge und Krankheiten aus. Für Gärten, in denen die Möhrenfliege ein Problem darstellt, empfiehlt sich beispielsweise die Möhrensorte 'Resistafly'. Wer chemiefrei gärtnern will, kann Bio-Saatgut kaufen. F1-Hybriden eignen sich vor allem für Einsteiger, die auf eine verlässliche Ernte hoffen, und für Interessierte gibt es auch Saatgut von historischen Gemüsesorten.

Natürlich können Sie auch von Ihren eigenen Gemüsepflanzen Samen ernten (siehe Seite 118). Das macht Spaß, spart Geld und bietet die Möglichkeit, sich auf Sorten zu konzentrieren, die sich im eigenen Garten besonders bewährt haben. Von Pflanzen, die erkrankt waren, sollte man aber keine Samen abnehmen. Außerdem bilden einige Sorten keine sortenreinen Samen, das heißt, die Nachkommen besitzen dann nicht unbedingt dieselben Eigenschaften wie die Eltern. Samen aus dem Handel bieten den Vorteil, dass sie normalerweise auf Keimfähigkeit geprüft, krankheitsfrei und sortenrein sind.

AUSSAAT

Die meisten Gemüsen werden gesät. Samen müssen keimen und Jungpflanzen wollen gepflegt werden, um reiche Ernte zu bescheren. Viele Samen können direkt an den endgültigen Platz im Beet gesät werden. Vor der Direktsaat sollten Sie aber die Bodentemperatur prüfen. Wenn der Boden zu kalt ist, können die Samen faulen – dann muss neu gesät werden. Für die meisten Arten liegt die Mindest-Keimtemperatur bei 7 °C, einige empfindlichere Arten brauchen zwischen 15 und 21 °C. Es ist zwar möglich, den Boden mit Vlies oder anderem Abdeckmaterial «vorzuwärmen», doch meist ist es sinnvoller zu warten, bis sich der Boden durch die Umgebungstemperatur erwärmt. Sobald die Frühlingssonne dies erledigt hat, kann die Aussaat beginnen.

Als Faustregel gilt, Samen doppelt so tief zu säen, wie sie groß sind. Große Samen wie Bohnen legen Sie gleich mit den richtigen Pflanzabständen in den Boden. Dabei empfiehlt es sich, an jede Stelle zwei Samen zu legen und nach der Keimung den schwächeren Sämling zu entfernen. Für kleinere Samen wie Möhren ziehen Sie mit der Hacke eine Rille in den Boden und streuen die Samen hinein, ohne auf die Abstände zu achten. Die Rille wieder auffüllen und gut wässern. Nach der Keimung wird ausgedünnt. Das heißt, zupfen Sie so viele Sämlinge aus, dass die restlichen im richtigen Abstand stehen bleiben.

Pflanzen, die zur Keimung hohe Temperaturen brauchen (um 21 °C, zum Beispiel Tomaten oder Paprika), ziehen Sie unter Idealbedingungen in geschützter Um-

Fruchtfolge

Wenn eine Gemüseart Jahr für Jahr auf derselben Fläche wächst, entzieht sie dem Boden bestimmte Nährstoffe und Krankheiten oder Schädlinge können sich im Boden etablieren. Das Problem lässt sich durch Mulchen reduzieren, weil die oberste Erdschicht regelmäßig erneuert wird (siehe Seite 18 und 26).

Noch besser ist es, die Pflanzen zusätzlich auf den Beeten rotieren zu lassen, entweder jährlich oder auch innerhalb einer Saison. Die Abbildung unten zeigt einen Rotationsplan für vier Jahre. Frucht- und Blattgemüse sind in diesem Beispiel nicht erfasst, weil Krankheitserreger im Boden kaum eine Rolle spielen. Kohlgewächse brauchen viel Stickstoff und folgen daher idealerweise auf Hülsenfrüchte, die Stickstoff im Boden binden. Wurzelgemüse hingegen braucht wenig Stickstoff und ist darum ein guter Nachfolger für Kohlgewächse. Für einen dreijährigen Fruchtfolgeplan fassen Sie Zwiebel- und Wurzelgewächse einfach zusammen.

Durch eine Fruchtfolge im Vierjahresrhythmus lassen sich Verluste durch Krankheiten und Schädlinge minimieren.

gebung vor. Informieren Sie sich über die Anforderungen der jeweiligen Art (siehe Pflanzenporträts Seite 28–131). Grundsätzlich werden die Samen dünn in eine Schale mit Anzuchterde gestreut, um spätere Konkurrenz und übermäßiges Höhenwachstum zu vermeiden. Dann die Samen mit Substrat oder Vermiculit abdecken und möglichst von unten mit Wasser versorgen. Vermiculit verbessert den Feuchtigkeitsgehalt der oberen Schicht und fördert dadurch die Keimung. Verwenden Sie einen Anzuchtkasten mit transparentem Deckel, um Wärme und Feuchtigkeit zu halten, aber sorgen Sie auch für gute Belüftung, etwa durch Löcher im Deckel, um die Umfallkrankheit zu vermeiden (siehe Seite 135). Nach der Verwendung den Anzuchtkasten mit Seifenwasser reinigen.

Die Samen von Salat und einigen anderen Pflanzenarten wie Sellerie und Tomaten brauchen zur Keimung etwas Licht. Man nennt sie daher Lichtkeimer. Sie werden auf der Substratoberfläche verteilt und nur sehr dünn mit Vermiculit bestreut.

Nach der Keimung setzt man die Sämlinge in kleine Einzeltöpfe, damit sie Platz haben, bis sich die ersten echten Blätter entwickeln. Halten Sie den Sämling beim Umpflanzen vorsichtig an den Keimblättern (die später absterben) und hebeln Sie ihn mit einem Bleistift oder Eisstiel aus dem Substrat. Wurzeln und Spross nicht berühren, sonst kann es zu Wachstumsstörungen kommen. Die Sämlinge vorsichtig einpflanzen, leicht andrücken und gießen. Manche sollten vor dem Auspflanzen nochmals in größere Töpfe umgepflanzt werden. Das Umpflanzen – ob vom kleinen Topf in einen größeren oder vom Topf ins Beet – sorgt dafür, dass die Pflanzen besser wurzeln.

Abgesehen von echtem Wurzelgemüse wie Pastinaken und Möhren (siehe Seite 16) können Sie die meisten Gemüsearten im Topf vorziehen und später umpflanzen. Dadurch lässt sich auf der Beetfläche mehr Ertrag erzielen, denn während die Sämlinge heranwachsen, kann die Fläche für andere Pflanzen genutzt werden. Die Aussaat drinnen hat auch den Vorteil, dass die Sämlinge weniger durch Schädlinge gefährdet sind – und treten doch einmal welche auf, lassen sie sich leichter entdecken und bekämpfen. Sät man Gemüse direkt an Ort und Stelle, sind die Sämlinge zwar anfangs stärker durch Schädlinge und Krankheiten bedroht, auf lange Sicht werden die Pflanzen aber robuster. Sie profitieren vom Regenwasser und den Nährstoffen im Boden und sind weniger von der Fürsorge des Gärtners abhängig.

Kohl, Tomaten, Paprika und einige andere Arten ziehen am besten erst ins Beet um, wenn sie schon etwas größer sind. Pflanzen Sie diese Vertreter daher von der Anzuchtschale zunächst in einzelne Töpfe mit 9 cm Durchmesser (oder mehr) um. Nehmen Sie die Sämlinge vorsichtig aus der Schale und achten Sie darauf, dass möglichst viel Substrat an den Wurzeln hängen bleibt. Etwas Substrat in den neuen Topf geben, den Sämling hineinsetzen und ringsherum Substrat auffüllen, bis das Pflänzchen wieder so tief darin sitzt wie vorher. Vorsichtig mit den Fingern andrücken und gut wässern. Falls die Jungpflanzen später nochmals umgetopft werden müssen, sollte der neue Topf nur wenig größer sein als der vorherige, sonst besteht die Gefahr, dass das überschüssige Substrat zu viel Wasser speichert und die Wurzeln faulen.

Möhren und Pastinaken werden in flachen Rillen direkt ins Beet gesät.

JUNGPFLANZEN ABHÄRTEN

Pflanzen, die Sie im Haus oder im Gewächshaus vorziehen, sollten Sie vor dem Auspflanzen ins Beet abhärten. So können sie sich an die kühlere, trockenere Luft, an Wind und Regen gewöhnen. Wenn Sie ein Frühbeet haben, stellen Sie die Pflanzen mitsamt ihren Töpfen hinein. Tagsüber bleibt der Deckel offen, über Nacht wird er geschlossen. Nach einer Woche kann der Deckel auch nachts offen bleiben, sofern kein Frost vorhergesagt wurde. Nach einer weiteren Woche können die Pflanzen an ihren endgültigen Platz im Beet gepflanzt werden. Falls danach noch ein Kälteeinbruch droht, decken Sie das junge Gemüse mit Gartenvlies ab.

Wenn Sie kein Frühbeet haben, stellen Sie die Jungpflanzen eine Woche lang nur tagsüber ins Freie, anschließend eine weitere Woche auch nachts, am besten an einem geschützten Platz, etwa vor einer Mauer. Bei Frostgefahr mit Vlies abdecken. Das Abhärten ist vor allem im Frühjahr wichtig, wenn die Witterung unberechenbar ist.

AUSPFLANZEN

Vor dem Auspflanzen sollte die Beetfläche gut vorbereitet sein (siehe Seite 17). Traditionell pflanzt man Gemüse in Reihen oder Blöcken. Dadurch fällt das Jäten (und später das Ernten) leichter und man erkennt Probleme schneller. Gerade Linien lassen sich mit einem langen Brett leicht ins Beet drücken, die Pflanzabstände markieren Sie am besten mithilfe eines Maßbands oder Meterstabs.

Heben Sie Pflanzlöcher in der richtigen Größe aus, bevor Sie die Jungpflanzen aus den Töpfen nehmen, sonst können Wind und Sonne die empfindlichen Wurzeln schädigen. Verfilzte Wurzelballen behutsam auflockern, damit sich die Wurzeln in der Erde gut ausbreiten. Die Pflanzen setzen Sie so tief ins Erdreich, wie sie im Topf standen. Nur Kohl wird tiefer gepflanzt, damit die Wurzeln guten Halt finden und Wind besser standhalten. Die Erde vorsichtig andrücken oder bei größeren Pflanzen festtreten, dann gründlich wässern, damit alle Wurzeln Erdkontakt bekommen. Stützen, zum Beispiel für Bohnen, stecken Sie vor dem Pflanzen in die Erde, um die Wurzeln nicht zu verletzen.

FOLGESAAT, MISCHKULTUR, MARKIERSAAT

Ein typischer Anfängerfehler ist, ganze Reihen oder Blöcke gleichzeitig einzusäen – mit dem Ergebnis, dass alle Pflanzen gleichzeitig erntereif sind. Solche Ernteschwemmen lassen sich durch Folgesaaten vermeiden. Bei Radieschen, Rote

In Reihen lassen sich Pflanzabstände gut einhalten.

Bete und Kopfsalat empfiehlt es sich, alle ein bis zwei Wochen nur eine kleine Portion zu säen. Bei einigen Gemüsearten kann man die Pflanzen, die beim späteren Ausdünnen anfallen, ebenfalls verzehren. Diese Arten können Sie in kürzeren Abständen nachsäen.

Auch durch die Wahl verschiedener Sorten lässt sich die Erntesaison verlängern. Frühe und späte Erbsen beispielsweise haben unterschiedliche Reifezeiten. Sät man sie gleichzeitig, kann man statt zwei Wochen etwa vier Wochen lang ernten.

Je dichter Sie Ihren Gemüsegarten bepflanzen, desto reichhaltiger ist die Ernte und desto weniger Unkraut kann sich ansiedeln. Eine Möglichkeit ist die Mischkultur. Dabei teilen sich zwei Gemüsearten eine Beetfläche, bis beide erntereif sind. Gurken oder Kürbisse, die sich am Boden ausbreiten, vertragen sich beispielsweise gut mit hohen Arten wie Mais oder Stangenbohnen.

Als Markiersaat bezeichnet man schnell reifende Arten, die zusammen mit langsam reifenden ins Beet kommen, beispielsweise Radieschen und Pastinaken. Die Radieschen keimen schnell und markieren mit ihren Blättchen die Reihe. Sie werden geerntet, bevor die Pastinaken mehr Platz benötigen. Ebenso können Sie Rote Bete als Markiersaat mit Rosenkohl kombinieren. Beide Kombinationen haben sich vor allem in Hochbeeten bewährt (siehe Seite 34).

SCHUTZ UND PFLEGE

Viele Gemüsesorten gedeihen mit guter Fürsorge einfach besser. Dazu gehört ein Wetterschutz, etwa ein Gewächshaus, aber auch Schutz vor Krankheiten und Schädlingen oder Stützen für kletternde Pflanzen (siehe Seite 128). Wer ein Gewächshaus besitzt, kann eine größere Bandbreite von Gemüsearten anpflanzen und darüber hinaus die Wachstumssaison verlängern. Unter Glas kann die Aussaat etwa einen Monat früher beginnen, verfügt das Gewächshaus über Beleuchtung und Heizung, können Sie sogar ganzjährig ernten. Die Glasscheiben sollten stets sauber sein, damit genug Licht hineinfällt. Bei Bedarf können Sie auch elektrische Pflanzenleuchten installieren.

Im Sommer kann es hingegen notwendig sein, das Gewächshaus zu beschatten, damit es im Inneren nicht zu heiß wird. Tomaten, Paprika und Melonen sind allerdings für viel Wärme dankbar. Sie tragen früher Früchte und die Ernte dauert bis in den Herbst, wenn Freilandpflanzen schon ersten Frösten zum Opfer fallen. Chilis oder Cucamelonen sind mehrjährig, aber frostempfindlich, und werden darum meist einjährig kultiviert. In einem ungeheizten Gewächshaus finden sie ein ideales Winterquartier.

Auch Folientunnel, die man direkt über einem Gemüsebeet aufbaut, eignen sich gut, um die Saison zu verlängern. Vor allem

Mischkultur
Blumen in den Gemüsegarten zu pflanzen, bietet mehr als optische Reize. Viele Arten locken Nützlinge an, die bei der Schädlingsbekämpfung helfen. Ringelblumen *(Calendula officinalis)* werden von Schwebfliegen besucht, die sich von Blattläusen ernähren. Kapuzinerkresse *(Tropaeolum majus)* ist eine «Opferpflanze»: Kohlweißlinge lieben die Pflanze und richten daher weniger Schaden am Kohl an (siehe auch Seite 132–134). Studentenblumen (*Tagetes* sp.) sind gute Nachbarn für Tomaten, weil sie Bestäuber anlocken.

Tagetes wirken wie Magnete auf Insekten, die nebenbei auch die Tomaten bestäuben.

Kopfsalate können in dieser kühlen, frostgeschützten Umgebung bis in den Winter geerntet werden. Ein kaltes Frühbeet wird traditionell benutzt, um unter Glas vorgezogene Pflanzen abzuhärten, bevor sie ins Beet gepflanzt werden. Sie können es in den Wintermonaten aber auch mit Salaten füllen, um die Saison zu verlängern.

Wer weder ein Gewächshaus, noch einen Folientunnel oder ein kaltes Frühbeet besitzt, kann seine Pflanzen mit Gartenvlies vor Frost schützen. Decken Sie Ihre Pflanzen im Beet großzügig mit dieser licht- und luftdurchlässigen Auflage ab. Dadurch erwärmt sich der Boden zu Anfang der Saison schneller und die Jungpflanzen sind vor Frösten geschützt. Im Herbst schützt ein Vlies das Gemüse vor Frösten und verlängert die Erntesaison.

Zum Schutz vor Schädlingen können Sie Netze auslegen. Gebräuchlich ist eine Maschengröße von 1,3 mm, die auch Möhren- und Zwiebelfliegen nicht durchdringen können (siehe Seite 134). Netze mit einer Maschengröße von 5 mm schützen vor größeren Schädlingen wie Tauben und Schmetterlingen, die vor allem Kohlgewächse und Hülsenfrüchte bedrohen.

Ein weiteres Element im Gemüsegarten, das auch optisch attraktiv wirkt, sind Stützen für kletterndes Gemüse. Für Erbsen empfehlen sich verzweigte Haselruten von etwa 1,5 m Höhe, für Stangenbohnen können Sie dünne Birkenstämme von etwa 3 m Höhe verwenden. Kürbis kann Metall- oder Holzgestelle erklimmen, halbhohe

Kletterbohnen sehen an einem «Tipi» aus Bambusstäben hübsch aus und Gurken können sich an einem Holzspalier ausbreiten. Pflanzen, die in die Höhe wachsen, nehmen wenig Beetfläche ein und sind angenehm zu ernten. Außerdem haben die Früchte keinen Bodenkontakt, sind also weniger anfällig für Fäulnis. Vom Schatten, den das kletternde Gemüse spendet, profitieren andere Arten. Salat beispielsweise fühlt sich im Schatten von Kletterbohnen wohl. Diese wiederum brauchen beschattete Wurzeln, für die der Salat mit seinen Blättern sorgt.

BEWÄSSERUNG

Ohne Wasser können Pflanzen nicht leben, aber zu viel Wasser bekommt ihnen auch nicht gut. Gießen Sie frisch gepflanztes Gemüse gründlich, damit alle Wurzeln guten Erdkontakt haben und auch später mit Wasser und Nährstoffen versorgt werden. Wenn das Gemüse angewachsen ist, sollte der Boden immer leicht feucht sein. Prüfen Sie das Substrat 5 cm unter der Oberfläche, denn selbst wenn die oberste Erdschicht durch Wind oder Sonne ausgetrocknet ist, kann der Boden darunter noch feucht sein.

Statt täglich wenig zu gießen, sollten Sie lieber nur ein- bis zweimal pro Woche gründlich wässern, sofern es nötig ist. Gießen Sie morgens, wenn es noch kühl ist, damit nicht zu viel Wasser verdunstet. Geben Sie das Wasser auf die Erde in direkter Nähe der Wurzeln, denn dort wird es benötigt. Die Blätter sollten trocken bleiben, das beugt Krankheiten vor.

Manche Gemüsearten haben es generell gern trockener, andere (etwa Zwiebeln und Kürbisse) sollten Sie kurz vor der Ernte nicht mehr wässern, denn dadurch verbessert sich die Lagerfähigkeit. Bei anderen Arten richtet sich der Wasserbedarf nach dem Entwicklungsstand. Erbsen und Bohnen beispielsweise brauchen während der Blüte nur wenig Wasser. Wer die Bedürfnisse seiner Pflanzen kennt, kann Wasserverschwendung und Schäden durch Nässe vermeiden.

MULCH

Mulch hemmt die Verdunstung von Bodenfeuchtigkeit und unterdrückt Unkraut. Halten Sie beim Verteilen organischer Mulchmaterialien wie verrottetem Stallmist oder Gartenkompost etwas Abstand zu den Sprossen der Pflanzen und häufen Sie um größere Pflanzen einen Wall zum Bewässern auf. Stroh und Holzhackschnitzel eignen sich als Mulch für größere Pflanzen, allerdings können sich darin Schädlinge oder Schnecken verstecken. Beide Materialien geben sehr gute Beläge für Wege ab. Sie können auch zunächst kompostiert und erst dann als Mulch verwendet werden. Auch von verrottetem Rindenmulch (Rindenhumus) profitieren die Pflanzen.

DÜNGER

Normalerweise enthält ein gesunder Boden alle Nährstoffe, die Pflanzen brauchen. Manchmal ist aber etwas Nachhilfe nötig (siehe auch Seite 135). Dünger enthält meist die drei Hauptnährstoffe: Stickstoff für die Blattbildung, Phosphor für Wurzeln und Sprosse sowie Kalium für Blüten und Früchte. Biologische Dünger werden aus natürlichen tierischen oder pflanzlichen Grundstoffen gewonnen. Da ihre großen Moleküle im Boden erst aufgespalten werden müssen, setzt ihre Wirkung nicht sofort ein. Anorganische Dünger sind konzentriert und wirken schneller.

Dünger gibt es in flüssiger und fester Form. Flüssigdünger können Sie mit dem Gießwasser verabreichen, er gelangt direkt an die Wurzeln, wo er benötigt wird. Dünger in Pulver- oder Granulatform können Sie bei der Pflanzung ins Pflanzloch geben oder später um die Pflanze herum auf den Boden streuen. Da die Wirkung langsamer einsetzt, lohnt sich fester Dünger nur für Gemüse mit langer Vegetationszeit, beispielsweise Kohl und Kürbis.

Beinwell als Dünger

Aus Brennnesseln *(Urtica dioica)* und Beinwell *(Symphytum officinale)* lässt sich eine nährstoffreiche Pflanzenjauche herstellen. Alternativ gibt man einige Beinwellblätter auf den Grund der Pflanzlöcher von Gemüse mit hohem Nährstoffbedarf (Kartoffeln, Kürbisse, Bohnen). Wenn Sie sich zersetzen, wirken sie wie ein Dünger mit Langzeitwirkung.

Um kein Wasser zu verschwenden, gießen Sie direkt auf den Boden und benetzen die Blätter nicht.

Pflanzen-porträts

—

Okra

Abelmoschus esculentus, auch Bhindi, Ladyfinger

Okra ist ein einjähriges Malvengewächs, das viel Wärme braucht. Geerntet werden vor allem die unreifen grünen Samenstände, aber auch die Blätter sind essbar.

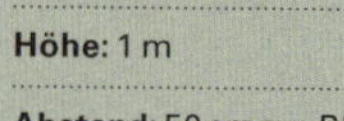

Familie: Malvaceae

Höhe: 1 m

Abstand: 50 cm zw. Pflanzen, 70 cm zw. Reihen

Winterhärte: bedingt winterharte Einjährige

Standort: volle Sonne

Essbare Teile: Samenstände, Blätter

Ernte: Spätsommer bis Herbst

STANDORT

Okra braucht einen sonnigen, windgeschützten Standort, möglichst mit durchlässigem Boden. Sie toleriert aber auch schwereren tonigen Boden.

ANBAU

Aussaat unter Glas im Frühling; Mindestkeimtemperatur 16 °C, optimale Wachstumstemperatur 20–30 °C. Erst mit einer Höhe von 15 cm abhärten und auspflanzen, dabei Stützen ins Erdreich stecken. Kräftige Triebspitzen auszwicken, damit die Pflanze buschig wächst.

KULTURTIPP

Die Samen keimen leichter, wenn sie vorher einige Stunden in warmem Wasser eingeweicht werden.

INTERESSANTE SORTEN

- 'Burgundy' hat eine rote Schale.
- 'Clemson's Spineless' ist besonders wüchsig.

OKRA-DIESEL

Zurzeit wird mit der Gewinnung von Biodiesel aus Okra experimentiert, um fossile Ressourcen zu schonen.

Lauch

Allium ampeloprasum, auch Porree

Lauch ist mit seinem mild-süßlichen Geschmack ein beliebtes Wintergemüse, das auch für festliche Menüs nicht zu rustikal ist (siehe Seite 124). Die Pflanzen mit ihren bläulich grünen Blättern sind so attraktiv, dass sie auch im Ziergarten eine gute Figur machen würden (siehe Seite 54).

Familie: Amaryllidaceae

Höhe: 40 cm

Abstand: 10 cm zwischen Pflanzen, 30 cm zwischen Reihen

Winterhärte: winterhart

Standort: volle Sonne

Essbare Teile: Blätter

Ernte: Herbst bis zeitiges Frühjahr

STANDORT

Lauch braucht einen sonnigen Standort mit durchlässigem Boden, Staunässe verträgt er nicht. Im Herbst vor der Pflanzung organische Substanz unterarbeiten, um den hohen Nährstoffbedarf zu decken.

ANBAU

Traditionell wird Lauch im zeitigen Frühjahr in einem Saatbeet vorgezogen und später umgepflanzt. Man kann ihn aber auch im Spätwinter im Haus vorziehen. Die Mindestkeimtemperatur beträgt 7 °C, ein kaltes Gewächshaus muss eventuell beheizt werden. Wenn die Pflanzen bleistiftgroß sind, werden sie ausgepflanzt. Das gelingt besser, wenn man Wurzeln und Blätter etwas stutzt. Gründlich angießen.

LAUCHGARTEN

Lauch war schon immer ein besonderes Gemüse. Den Germanen galt er als magisch, auf den britischen Inseln nannte man den gesamten Gemüsegarten «Lauchgarten».

KULTURTIPP

Um lange weiße Stangen zu erhalten, eine tiefe Rille ziehen, Pflanzlöcher bilden und die Pflanzen hineinsetzen. Beim Gießen füllt sich die Rille nach und nach von selbst mit Erde, sodass die Stangen blass bleiben.

INTERESSANTE SORTEN

- 'Bleu de Solaise' (auch 'Blue Solaise') ist eine alte Sorte mit bläulichen Blättern, die sich im Winter violett verfärben.
- 'Musselburgh' ist besonders robust und verträgt Temperaturen bis –5 °C.

Zwiebel

Allium cepa

Zwiebeln sind mit ihrem süßlich-scharfen Geschmack für viele Gerichte unverzichtbar (siehe Seite 124). Es gibt Sorten in verschiedenen Größen, Farben und Schärfegraden und alle sind sehr leicht anzubauen.

Familie: Amaryllidaceae

Höhe: 60 cm

Abstand: 10 cm zwischen Pflanzen, 30 cm zwischen Reihen

Winterhärte: winterhart

Standort: volle Sonne

Essbare Teile: Zwiebeln, Blätter

Ernte: Hochsommer bis Spätsommer

STANDORT

Zwiebeln brauchen einen sonnigen Standort mit durchlässigem Boden und einem pH-Wert von 5,5–6,5. Weil die Pflanzen kurze Wurzeln haben, muss vor allen die obere Erdschicht reich an Nährstoffen sein.

ANBAU

Säen oder Steckzwiebeln pflanzen. Aussaat im Spätwinter in flache Schalen, die ideale Keimtemperatur liegt bei 21 °C. Die Sämlinge in Einzeltöpfe pikieren, wenn sie groß genug sind, und vor dem Auspflanzen langsam abhärten. Zwiebeln wachsen langsam. Bis sie groß genug zum Auspflanzen sind, können zwei Monate vergehen. Die Jungpflanzen nicht zu tief pflanzen und eine dünne Mulchschicht verteilen. Steckzwiebeln können im Frühling direkt ins Beet gepflanzt werden. Zwiebeln vertragen kalte Witterung. Steckzwiebeln einiger Sorten können im Herbst gepflanzt, überwintert und im Frühsommer geerntet werden.

Unkraut regelmäßig entfernen, da sich die Zwiebeln nicht ausformen, wenn sie im Schatten liegen. Zwischen den Pflanzen genug Platz zum Hacken lassen.

Geerntet wird, wenn sich die Blätter gelb färben. Am besten die Zwiebeln danach einige Tage an einem sonnigen Platz trocknen lassen. Durch die Lufttrocknung verbessert sich die Lagerfähigkeit erheblich.

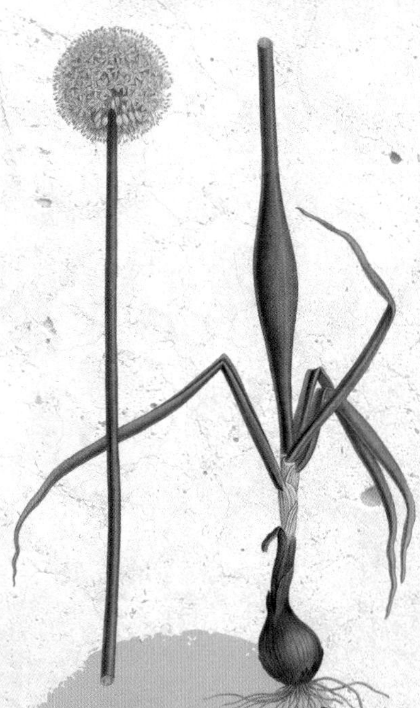

ZWIEBELTRÄNEN

Für den typischen Geruch und Geschmack und die antibakterielle Wirkung der Zwiebelgewächse ist ein Stoff namens Alliin verantwortlich. Zerschneidet man die Zwiebel, werden Zellwände verletzt und das Alliin wandelt sich in ein Reizgas um, das die Augen reizt.

KULTURTIPP

Wenn Zwiebeln zu früh gepflanzt werden, bilden sie vorzeitig Samen. Auch gegen Ende der Reifungszeit können sich Blüten bilden. Sie sollten sofort entfernt werden, damit die Pflanze ihre Energie nicht in die Fortpflanzung steckt.

STECKEN ODER SÄEN?

Neben Samen bietet der Fachhandel auch Steckzwiebeln an. Dabei handelt es sich um junge Zwiebeln, die im Vorjahr aus Samen herangezogen wurden. Weil sie in der Reifung weiter fortgeschritten sind, eignen sie sich besonders für Gegenden mit kurzen Sommern. Auch spart man sich den Platz für die Anzucht.
Zwiebelsamen kosten weniger, Sie bekommen also mehr Pflanzen für Ihr Geld, und die Auswahl an Sorten ist weitaus größer. Selbst geerntete Zwiebeln sind sortenrein, sofern keine anderen Sorten in direkter Nachbarschaft stehen (siehe Seite 118).

INTERESSANTE SORTEN

- 'Ailsa Craig' ist eine große, gelbfleischige alte Sorte aus dem Jahr 1887.
- 'Red Baron' hat rotes Fleisch und ist gut lagerfähig.
- 'Stuttgarter Riesen' ist eine flache, gelbfleischige Sorte.

Hochbeete

Hochbeete können ausgesprochen praktisch sein. Die Pflege ist wesentlich bequemer und rückenschonender. Selbst auf Grundstücken mit schlechtem Boden kann man Gemüse in Hochbeeten anbauen, weil man sie mit organischer Substanz und frischem Substrat füllt. Da das Pflanzmedium kein Unkraut enthält, fällt deutlich weniger Arbeit an. In den Ecken lassen sich problemlos Pfosten befestigen, um später bei Bedarf Vlies oder Netze anzubringen.

Hochbeete kann man als Bausatz kaufen oder selbst aus Ziegeln oder Holz bauen. Wenn Sie für den Selbstbau gebrauchtes Holz verwenden, sollten Sie das Hochbeet mit Folie auskleiden, um zu vermeiden, dass womöglich Holzschutzmittel ins Pflanzmedium gelangen. Überlegen Sie auch, wie lange das Hochbeet halten soll. Ein gemauertes Beet hält sehr lange, eine kleinere Holzkonstruktion kann umgestellt werden. Auch die Höhe hat Einfluss auf die Materialwahl. Ein hohes Beet fasst sehr viel Erde, darum müssen die Wände stabil genug sein, um dem Druck standzuhalten. Da die Armlänge eines Erwachsenen etwa 60 cm beträgt, sollte das Beet nicht breiter als 1,25 m sein, anderenfalls müssten Sie zum Pflegen und Ernten hineinklettern.

Für Wurzelgemüse spielt auch die Tiefe eine Rolle. Hohe Hochbeete eignen sich für Gemüse aller Art. In flachen Beeten reicht die Tiefe für lange Möhren eventuell nicht aus. In diesem Fall sollten Sie runde Karotten wie 'Pariser Markt' säen.

Bepflanzen Sie das Hochbeet mit kleinwüchsigen Sorten. Einige hängende Pflanzen gibt es auch als buschige Varianten. Stangenbohnen, die 3 m Höhe erreichen, lassen sich in einem 1 m hohen Beet schlecht ernten. Günstiger sind Zwergsorten, die nur 50 cm hoch werden. Mit Markiersaaten und Mischkultur lässt sich die Fläche optimal ausnutzen (siehe Seite 24).

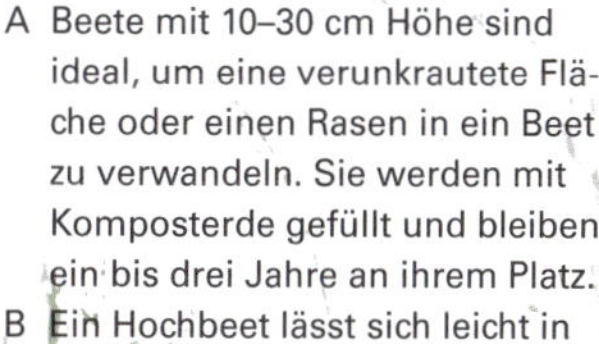

A Beete mit 10–30 cm Höhe sind ideal, um eine verunkrautete Fläche oder einen Rasen in ein Beet zu verwandeln. Sie werden mit Komposterde gefüllt und bleiben ein bis drei Jahre an ihrem Platz.

B Ein Hochbeet lässt sich leicht in Abteile gliedern, die mit unterschiedlichen Arten bepflanzt werden.

C Beete mit 1 m Höhe sind die Lösung, wenn das Bücken Schwierigkeiten bereitet.

D Möhren und Pastinaken, die in einer Höhe von mehr als 70 cm wachsen, sind für die Möhrenfliege unerreichbar.

E Selbst in einem kleinen Stadtgarten lässt sich aus einem Hochbeet mit kleinwüchsigen Sorten eine Menge ernten.

Schalotte

A. cepa var. *aggregatum*

Schalotten schmecken milder und süßlicher als die gewöhnlichen Zwiebeln, sie gehören aber zur selben Art. Sie können gegart, eingelegt oder roh verzehrt werden.

Familie: Amaryllidaceae

Höhe: 40 cm

Abstand: 10 cm zwischen Pflanzen, 30 cm zwischen Reihen

Winterhärte: winterhart

Standort: volle Sonne

Essbare Teile: Zwiebeln, Blätter

Ernte: Sommer

STANDORT

Schalotten benötigen einen sonnigen Platz mit durchlässigem Boden. Sie nehmen wenig Platz ein und können gut zwischen größeren Gemüsearten stehen.

ANBAU

Aussäen oder Steckschalotten pflanzen (siehe Seite 33). Aus einer Steckschalotte entstehen mehrere Pflänzchen, die im Frühling ausgedünnt werden müssen. Aus jedem Samenkorn entsteht nur eine Schalotte. In Anzuchtschalen im Haus aussäen und im Spätfrühling auspflanzen. Gut angießen.

KULTURTIPP

Wie alle Zwiebelarten sollten Schalotten kurz vor der Ernte nicht mehr gegossen werden. Nach der Ernte an einem trockenen, sonnigen Platz zum Trocknen auslegen.

ROH ODER GESCHMORT

Schalotten sind vor allem roh eine Delikatesse. Für Saucen schmort man sie häufig im Ganzen. Beim Anbraten hingegen werden sie schnell bitter.

INTERESSANTE SORTEN

- 'Jermor' ist eine französische Sorte mit rosa angehauchtem Fleisch.
- 'Zebrune' ist eine längliche Sorte, die zuverlässig große Zwiebeln bildet.

Frühlingszwiebel

Allium fistulosum, auch Lauchzwiebel

Die Frühlingszwiebel ist eine nahe Verwandte der gewöhnlichen Zwiebel. Sie verdickt sich nur schwach und wird hauptsächlich wegen des Laubs kultiviert. Sie schmeckt roh im Salat oder gegart.

Familie: Amaryllidaceae

Höhe: 40 cm

Abstand: 2 cm zwischen Pflanzen, 30 cm zwischen Reihen

Winterhärte: winterhart

Standort: volle Sonne

Essbare Teile: Zwiebeln, Blätter

Ernte: Frühjahr bis Frühsommer

STANDORT

Frühlingszwiebeln brauchen durchlässigen, nährstoffreichen Boden in voller Sonne. Da sie wenig Platz einnehmen, können sie zwischen andere Pflanzen gesetzt werden, die später erntereif sind.

ANBAU

Vom Spätwinter bis Frühsommer jeweils mehrere Samen in kleine Töpfe säen oder vom zeitigen Frühjahr an direkt an Ort und Stelle säen. Beim Auspflanzen die Frühlingszwiebeln einzeln setzen oder die ganze Gruppe aus einem Topf zusammen pflanzen. Gut angießen und nach Bedarf ernten. Im Frühjahr gesäte Pflanzen können nach zwei Monaten geerntet werden. Für die fortlaufende Ernte während des Sommers alle zwei bis drei Wochen Folgesaaten legen.

KULTURTIPP

Für die Ernte im Frühjahr eine sehr winterharte Sorte bereits im Spätsommer säen und mit Winterschutz überwintern.

ZWIEBELFEST

In Katalonien findet im Spätwinter oder Frühjahr die Calçotada statt. Benannt wurde das Volksfest nach der Calçot, einer speziell angepflanzten Frühlingszwiebel. Sie wird für das Fest über dem Feuer gegrillt.

INTERESSANTE SORTEN

- 'North Holland Blood Red' ist eine rote Frühlingszwiebel, die große Zwiebeln bildet, wenn man sie länger im Boden lässt.
- 'White Lisbon Winter Hardy' verträgt Temperaturen bis –15 °C und eignet sich gut zum Überwintern.

Knoblauch

Allium sativum

Knoblauch gibt vielen Gerichten erst die richtige Würze und er ist äußerst unkompliziert anzubauen. Er kann jung, halb reif oder voll ausgereift geerntet werden und lässt sich gut lagern. Wer Knoblauch selbst anpflanzt, ist rund ums Jahr versorgt.

Familie: Amaryllidaceae

Höhe: 40 cm

Abstand: 15 cm zwischen Pflanzen, 30 cm zwischen Reihen

Winterhärte: winterhart

Standort: volle Sonne

Essbare Teile: Zehen, Blätter, Blütenstiele, Blüten

Ernte: Hochsommer bis Spätsommer

STANDORT

Beste Erträge lassen sich an einem sonnigen Standort mit durchlässigem Boden erzielen. Junge Pflanzen vertragen keine Konkurrenz durch Unkraut.

ANBAU

Zehen von Mitte Herbst bis Mitte Winter direkt an Ort und Stelle stecken. Sie müssen ganz von Erde bedeckt sein, damit Vögel sie nicht herausziehen, bevor sich Wurzeln gebildet haben. Während des Wachstums stets feucht halten, um Rostbefall vorzubeugen. Dieser Pilz hemmt die Ausbildung der Knollen. Vorsicht: Bei zu reichlichem Gießen besteht Fäulnisgefahr. Die Knollen werden geerntet, wenn sich die Blätter gelb verfärbt haben.

KULTURTIPP

Nach der Ernte den Knoblauch an einem trockenen, sonnigen Platz trocknen lassen. Dann hält er sich bis in den Winter und kann noch für das Weihnachtsmenü verwendet werden (siehe Seite 124).

KNOBLAUCH-KRAFT

In der römischen Antike glaubte man, dass Knoblauch besondere Kräfte verleiht. Es ist belegt, dass Gladiatoren vor dem Kampf rohen Knoblauch aßen.

NATÜRLICHES ABWEHRMITTEL

Den starken Geruch des Knoblauchs empfinden nicht nur viele Menschen als unangenehm – auch die meisten potenziellen Schädlinge halten sich fern. Neben der Lauchmotte kann Weißfäule, eine Pilzkrankheit, ein Problem darstellen. Ansonsten ist Knoblauch unproblematisch. Aufgrund seines Geruchs kann er auch als natürliches Abwehrmittel zwischen andere Nutzpflanzen gesetzt werden. Der Weißfäule begegnet man, indem man eine vierjährige Fruchtfolge einhält (siehe Seite 21).

BLATT UND BLÜTE

Die Blütenstiele und Blüten einiger Knoblauchsorten schmecken köstlich. Generell sollten die Blütenstiele aber vor der Blüte entfernt werden, weil die Pflanze sonst ihre Energie in die Fortpflanzung steckt. Die Stiele direkt an der Basis abschneiden, sobald sie sich zeigen, und roh oder leicht gebraten genießen. Lässt man einige Stiele stehen, kann man später die Blüten ernten und ebenfalls verzehren.
Knoblauch kann auch ganz jung geerntet werden, wenn sich noch keine Zehen ausgebildet haben. In diesem Stadium sind auch die unteren krautigen Abschnitte essbar.

INTERESSANTE SORTEN

- *A. ampeloprasum* 'Elephant', auch Elefantenknoblauch genannt, ist eine Lauchsorte, wächst aber wie Knoblauch und bildet sehr große Knollen.
- 'Red Duke' bildet rote Zehen mit intensivem Geschmack.
- 'Germidour' ist eine Sorte mit violetter Schale und mildem Geschmack.
- 'Deutscher Porzellan' bildet nur vier Zehen, ist aber sehr robust und winterhart.
- 'Fat Leaf' ist eine Schnittknoblauchsorte, das heißt, man isst nur die Blätter und Blüten.

Erdbirne

Apios americana

Die Erdbirne ist eine Kletterpflanze, die hübsche rosa Blüten trägt und essbare Knollen mit einem leicht nussigen Geschmack bildet.

Familie: Fabaceae

Höhe: 1,5 m

Abstand: 30 cm zw. Pflanzen, 30 cm zw. Reihen

Winterhärte: frostempfindlich, Knollen können in milden Gegenden im Boden überwintern

Standort: volle Sonne

Essbare Teile: Knollen, Samen, Samenstände

Ernte: Herbst

STANDORT

Die Erdbirne braucht einen windgeschützten Platz und während der Saison eine Kletterhilfe. Sie gedeiht am besten in voller Sonne, toleriert aber auch leichten Schatten.

ANBAU

Knollen von der vorigen Ernte können im Boden bleiben, wo sie im folgenden Jahr wieder austreiben. Oder man gräbt sie aus und lagert sie über Winter in Sand, um sie im Frühjahr wieder einzupflanzen. Mit Mulch abdecken und eine Kletterhilfe bereitstellen (siehe Seite 128). Während der Wachstumssaison regelmäßig gießen.

KULTURTIPP

Erdbirnen machen in einem Kübel als dekorative Kletterpflanze auf der Terrasse eine gute Figur.

ERSATZKARTOFFEL

Die Erdbirne stammt aus Nordamerika, in Europa wird sie selten angebaut. In Zeiten, in denen die Kartoffelfäule die Kartoffelernte zunichtemachte, wurde sie als Ersatz für Kartoffeln gehandelt.

Stangensellerie

Apium graveolens var. *dulce*

Sellerie hat einen charakteristischen Geschmack. Man kann die Stangen über einen langen Zeitraum ernten und roh essen oder für gekochte Speisen verwenden. Weiße, grüne und rosa Sorten bringen Abwechslung auf den Tisch (siehe auch Seite 54).

Familie: Apiaceae

Höhe: 40 cm

Abstand: 25 cm zwischen Pflanzen, 25 cm zwischen Reihen

Winterhärte: winterhart

Standort: volle Sonne

Essbare Teile: Stiele, Blätter

Ernte: Herbst

STANDORT

Stangensellerie braucht einen Boden mit viel organischer Substanz und gutem Wasserhaltevermögen. Er bevorzugt volle Sonne, toleriert aber auch leichten Schatten.

ANBAU

In Anzuchttöpfe in feuchte Anzuchterde säen. Die Keimtemperatur liegt bei 15 °C, die Keimung dauert etwa drei Wochen. Die Sämlinge pikieren, wenn sie groß genug sind, und vor dem Auspflanzen langsam abhärten. Selbstbleichende Sorten mulchen, um den Boden feucht zu halten. Andere Sorten in einen 30 cm tiefen Graben pflanzen, der sich während der Saison langsam von allein auffüllen wird. Alternativ ins flache Beet setzen und während des Sommers mehrmals anhäufeln.

KULTURTIPP

Stangensellerie ist von Natur aus eine Feuchtgebietspflanze, darum muss sie während der Saison stets feucht gehalten werden.

INTERESSANTE SORTEN

- 'Giant Red' hat rote Stiele und wird in Gräben gepflanzt.
- 'Golden Self-blanching' wurde um 1860 in Paris gezüchtet und bildet hellgrüne Stiele.
- 'Tango' und 'Pascal' sind verlässliche selbstbleichende Sorten.

EHRENGEMÜSE

Stangensellerie wurde schon in der griechischen Antike geschätzt und für verschiedene Rituale, beispielsweise im Totenkult, eingesetzt. Bei den Isthmischen Spielen, die zu Ehren von Poseidon gefeiert wurden, trugen die Sieger Kränze aus Stangensellerie.

Knollensellerie

Apium graveolens var. *rapaceum*

Knollensellerie ist nicht die schönste Pflanze im Gemüsegarten, aber ein sehr wertvolles und aromatisches Wintergemüse.

Familie: Apiaceae

Höhe: 40 cm

Abstand: 40 cm zwischen Pflanzen, 40 cm zwischen Reihen

Winterhärte: verträgt leichten Frost

Standort: volle Sonne

Essbare Teile: Knolle

Ernte: Herbst

STANDORT

Knollensellerie braucht fruchtbaren Boden mit gutem Wasserhaltevermögen. Trockenen Boden daher mit organischer Substanz aufbessern. Bevorzugt Sonne, verträgt aber auch leichten Schatten.

ANBAU

Knollensellerie braucht lange zur Reifung, für die Ernte im Herbst sät man ihn bereits im Frühjahr in Anzuchtschalen aus. Die Samen keimen bei 15 °C in etwa drei Wochen. In Einzeltöpfe pikieren und abhärten. Ausgepflanzt wird erst nach den letzten Nachtfrösten – ausgewachsene Pflanzen vertragen leichten Frost, Jungpflanzen können aber Schaden nehmen. Gut angießen und mulchen, um den Boden feucht zu halten. Damit die Knollen groß werden, regelmäßig und reichlich gießen.

KULTURTIPP

Die unteren Blätter entfernen, wenn sie einzureißen beginnen. Dadurch sieht die Pflanze ordentlicher aus und die Blätter beginnen nicht an der Pflanze zu faulen.

KEINE WURZEL

Obwohl Knollensellerie dem Wurzelgemüse zugeordnet wird, handelt es sich eigentlich um eine Verdickung des Sprosses. Bei der Ernte sieht man die Wurzeln am unteren Ende der Knolle.

INTERESSANTE SORTEN

- 'Prager Riesen' ist eine alte Sorte mit großen Knollen.
- 'Prinz' hat eine besonders glatte Schale.

Erdnuss

Arachis hypogaea

Wenn die Blüten dieser Pflanze bestäubt sind, neigen sich die Stiele zum Boden und dringen in die Erde ein, wo sich die Früchte weiter entwickeln – daher der Name. Bei den Erdnüssen handelt es sich um die Samen.

Familie: Fabaceae

Höhe: 30 cm

Abstand: 45 cm zwischen Pflanzen, 45 cm zwischen Reihen

Winterhärte: frostempfindlich

Standort: volle Sonne

Essbare Teile: Samen

Ernte: Herbst

STANDORT

Erdnüsse benötigen einen sonnigen Standort und durchlässigen Boden mit viel organischer Substanz. Sie können auch in einem großen Kübel oder während des ganzen Sommers unter Glas kultiviert werden.

ANBAU

Im Frühjahr unter Glas aussäen, die Keimung erfolgt meist binnen zwei Wochen. In Einzeltöpfe pikieren und im Haus pflegen, bis keine Frostgefahr mehr besteht. Dann abhärten und auspflanzen. Wenn sich Blüten bilden, den Boden gut auflockern, damit die Stiele in ihn eindringen können. Von der Aussaat bis zur Ernte vergehen etwa 130 Tage, Sie sollten also frühzeitig aussäen.

KULTURTIPP

Die Samen zwölf Stunden vor der Aussaat schälen und in Wasser legen, damit die Samenwände aufquellen und die Samen leichter keimen.

DER NAME SAGT ES

Carl von Linné gab der Erdnuss ihren Namen. Der Artzusatz *hypogaea* bedeutet «unter der Erde» und verweist wie der deutsche Name auf die unterirdische Samenentwicklung.

INTERESSANTE SORTEN

- 'Early Spanish' hat eine Kulturdauer von nur etwa 100Tagen.
- 'Virginia' und 'Runner' sind beliebte Sorten.

Spargel

Asparagus officinalis

Spargel ist im Frühjahr eine der ersten einheimischen Gemüsearten, die auf den Markt kommen – ein sehnsüchtig erwarteter Genuss. Wenn man die Triebe der mehrjährigen Pflanzen nicht abschneidet, bilden sie fein-fiedriges Laub, das sehr dekorativ aussieht.

Familie: Asparagaceae

Höhe: 1,5 m

Abstand: 30 cm zwischen Pflanzen, 30 cm zwischen Reihen

Winterhärte: winterhart

Standort: volle Sonne

Essbare Teile: Sprosse

Ernte: Frühjahr

STANDORT

Da Spargel mehrjährig ist und nicht umgepflanzt werden mag, braucht er einen dauerhaften Platz. Er benötigt gut durchlässigen Boden mit Schutz vor starkem Wind und voller Sonne (siehe auch Seite 46).

ANBAU

Am besten kaufen Sie Pflanzen, die Sie im Herbst oder Frühjahr in die Erde setzen. Ausgesät wird Spargel im Spätwinter im Haus. Kultivieren Sie ihn dann in Töpfen weiter, um ihn im Herbst an seinem endgültigen Platz einzupflanzen. Während des Frühjahrs wird Spargel regelmäßig geerntet – traditionell bis Johanni (24. Juni). Danach lässt man ihn wachsen, damit er Kraft für das folgende Jahr sammeln kann.

Düngen Sie Spargel nach der Ernte mit einem ausgewogenen Granulat und mulchen Sie im Herbst mit organischer Substanz.

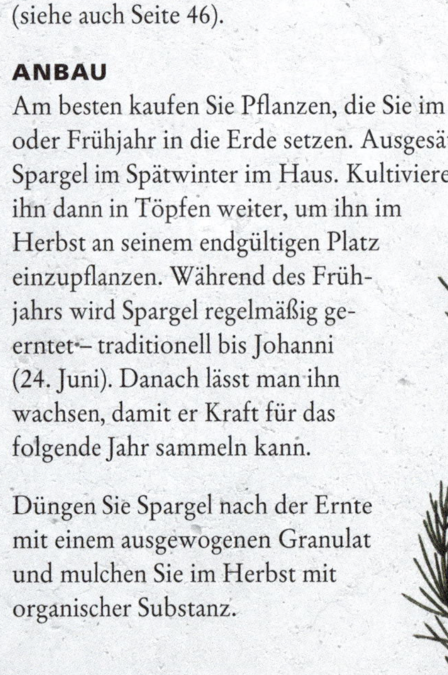

KULTURTIPP

Rein männliche Sorten wie 'Gijnlim' bilden dickere Sprosse. Weibliche Pflanzen tragen im Herbst rote Früchte, die die vielen Kleintieren als Nahrung dienen. Weil aber viel Energie in die Fortpflanzung fließt, bleiben die Stangen dünner. Wer Wert auf hohe Erträge legt, sollte weibliche Pflanzen entfernen.

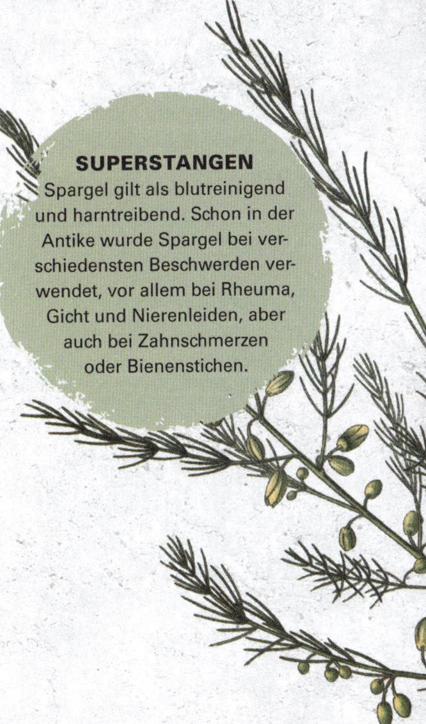

SUPERSTANGEN

Spargel gilt als blutreinigend und harntreibend. Schon in der Antike wurde Spargel bei verschiedensten Beschwerden verwendet, vor allem bei Rheuma, Gicht und Nierenleiden, aber auch bei Zahnschmerzen oder Bienenstichen.

INTERESSANTE SORTEN

- 'Connovers Colossal' ist eine alte Sorte, die seit etwa 1800 angebaut wird.
- 'Burgundine' ist eine violette Sorte und sehr ertragreich.
- 'Gijnlim' ist eine rein männliche Sorte mit dicken, grünen Sprossen.

Ein Spargelbeet anlegen

Spargel ist für den Gemüsegarten eine enorme Bereicherung. Er ist mehrjährig und liefert schon früh im Jahr eine willkommene Ernte. Obendrein ist frischer Spargel im Handel recht teuer. Grüner Spargel ist weitaus unkomplizierter zu kultivieren als weißer.

Der Spargelanbau erfordert aber etwas Geduld: Im ersten Jahr werden Sie gar nicht ernten und im zweiten Jahr nur wenige dünne Stangen. Erst ab dem dritten Jahr bringen die Pflanzen Erträge, dafür können sie über 20 Jahre alt werden. Da Spargel nicht umgepflanzt werden mag, sollten Sie den Standort mit Bedacht wählen. Das Beet sollte in voller Sonne liegen und zum Ernten gut zugänglich sein. Der Boden muss unkrautfrei sein, denn die Sprossspitzen liegen dicht unter der Erdoberfläche. Daher ist auch das Hacken problematisch. Mehrjährige Unkräuter lassen sich besonders schlecht entfernen, wenn der Spargel einmal etabliert ist. Darum zahlt es sich auf lange Sicht aus, sich ein Jahr Zeit zu nehmen, um solche Unkräuter mitsamt ihren Wurzeln restlos zu beseitigen.

Spargel braucht durchlässigen Boden, denn er ist eine Küstenpflanze. Bei nassem Boden können die Wurzeln faulen. Falls der Boden zu viel Wasser speichert, graben Sie Kies unter, um die Dränage zu verbessern.

Da Spargel aber fruchtbaren Boden verlangt, sollten Sie gleich nach der Pflanzung eine 5 cm dicke Schicht Stallmist oder Kompost als Starthilfe verteilen. Wenn die Pflanzen sich etabliert haben, bringen Sie jeweils im Herbst organische Substanz auf dem Beet aus.

Pflanzen Sie Spargel im Frühjahr oder Herbst, wenn der Boden warm ist. In der ersten Zeit regelmäßig wässern und Unkraut entfernen.

1. Einen 20 cm tiefen und 30 cm breiten Graben ausheben. Die Erde auf einer Seite des Grabens aufhäufen. Eine Schicht Stallmist in den Graben geben und mit Aushub mischen.
2. Den Graben auffüllen, bis er etwa 10 cm tief ist. In der Mitte einen Wall aufhäufen, der fast bis auf Erdniveau reicht.
3. Die Pflanzen in Abständen von 30 cm auf den Wall setzen, die Wurzeln seitlich herunterhängen lassen. Die Triebspitzen liegen knapp über dem Erdniveau.
4. Den Graben vorsichtig auffüllen, um die Wurzeln nicht zu beschädigen. Die Erde gut andrücken.
5. Angießen, danach mit Kompost oder Stallmist mulchen.

Rote Bete

Beta vulgaris Conditiva-Gruppe

Rote Bete ist ein sehr vielseitiges Gemüse, denn außer den Knollen sind auch die Blätter und Stiele essbar. Neben den bekannten dunkelroten Sorten gibt es auch Varianten in anderen Farben, von Orange bis rosa-weiß gestreift (siehe auch Seite 54).

Familie: Amaranthaceae

Höhe: 40 cm

Abstand: 30 cm zwischen Pflanzen, 30 cm zwischen Reihen

Winterhärte: verträgt leichten Frost

Standort: volle Sonne

Essbare Teile: Blätter, Stiele, Knolle

Ernte: Frühjahr – Herbst

STANDORT

Wichtig ist ein sonniger Standort. Wenn der Platz knapp ist, können Rote Beten zwischen langsam wachsenden Arten wie Rosenkohl (siehe Seite 59) stehen. Sie gedeihen sogar im Blumenkasten (siehe Seite 104).

ANBAU

Wer früher ernten will, sät Rote Bete im zeitigen Frühjahr im Haus aus. Direktsaat ins Beet ist möglich, sobald sich der Boden auf 5 °C erwärmt hat. Folgesaaten können bis in den Spätsommer hinein gelegt werden. Nach der Ernte verzehrt man die Knollen am besten frisch oder lagert sie in einer Erdmiete (siehe Seite 80).

KULTURTIPP

Die unteren Blätter können Sie während der gesamten Wachstumssaison ernten. Die Pflanze nimmt dadurch keinen Schaden.

INTERESSANTE SORTEN

- 'Boltardy' ist relativ schussfest und eignet sich gut für die frühe Aussaat.
- 'Bull's Blood' ist eine alte Sorte mit dunkelroten, essbaren Blättern.
- 'Burpee's Golden' hat Knollen in einem appetitlichen, warmen Gelb.
- 'Tonda di Chioggia' zeigt im Querschnitt rosa-weiße Ringel.

SÜSSE RÜBE

Eine Unterart der *Beta vulgaris* ist die Zuckerrübe, die einen ungewöhnlich hohen Zuckergehalt hat. Sie wurde um die Mitte des 19. Jahrhunderts gezüchtet und wird bis heute zur Produktion von Zucker angebaut.

Mangold

Beta vulgaris Cicla-Gruppe

Mangold ist mit seinen Stielen in Weiß, Dottergelb oder Pink eine farbenfrohe Bereicherung für das Gemüsebeet und macht auch im Ziergarten eine gute Figur (siehe Seite 54). Blätter und Stiele können über einen langen Zeitraum geerntet werden.

Familie: Amaranthaceae

Höhe: 60 cm

Abstand: 30 cm zwischen Pflanzen, 30 cm zwischen Reihen

Winterhärte: winterhart

Standort: volle Sonne

Essbare Teile: Blätter, Stiele

Ernte: Ganzjährig

STANDORT

Mangold gedeiht am besten in sonniger Lage in einem Boden mit gutem Wasserhaltevermögen. Er toleriert aber auch leichten Schatten.

ANBAU

In Schalen vom mittleren Frühjahr bis zum Spätsommer vorziehen oder direkt ins Beet säen, sobald sich der Boden auf 5 °C erwärmt hat. Vorgezogene Sämlinge können Sie auspflanzen, wenn die Wurzeln den Topf ausfüllen. Gut angießen und mulchen. Die Blätter jung ernten oder größer werden lassen, bis sie sich kräftig färben. Um über mehrere Monate zu ernten, immer nur die äußeren Blätter von mehreren Pflanzen pflücken.

KULTURTIPP

In Spätsommer gesäter Mangold übersteht den Winter und liefert früh im Jahr, wenn der Garten noch nicht viel abwirft, eine willkommene Ernte.

INTERESSANTE SORTEN

- 'Bright Lights' bildet Stiele in verschiedenen leuchtenden Farben.
- 'Perpetual Spinach' wird hauptsächlich wegen der Blätter kultiviert.
- 'Rhubarb Chard' hat rote Stiele.

GEBALLTE SAMEN

Mangold bildet Kapselfrüchte, die jeweils mehrere Samen enthalten. Aus einer Kapsel wachsen also drei bis fünf Pflanzen.

Steckrübe

Brassica napus subsp. *rapifera*

Dieses Wurzelgemüse aus der Familie der Kohlgewächse hat oft eine violett getönte Schale und ist wegen seiner außerordentlich guten Frostverträglichkeit ein wertvolles Wintergemüse.

STANDORT

Steckrüben benötigen einen offenen, sonnigen Standort mit durchlässigem Boden, der auch im Winter nicht zu nass wird.

ANBAU

Direkt ins Beet säen oder, wenn der Platz knapp ist, vorziehen. Für die Ernte im Winter wird im Hochsommer bis Spätsommer ausgesät. Vorgezogene Sämlinge abhärten und möglichst bald auspflanzen, sonst kann die Knollenbildung beeinträchtig werden. Steckrüben erntet man, wenn sie einen Durchmesser von etwa 15 cm haben.

KULTURTIPP

In Gegenden, in denen der Boden über längere Zeit gefroren oder sehr nass ist, sollten Steckrüben ausgegraben und über Winter in einem kühlen Wurzelkeller oder einer Erdmiete gelagert werden (siehe Seite 80), vor allem wenn sie zu den Feiertagen serviert werden sollen (siehe Seite 124).

INTERESSANTE SORTEN

- 'Magress' ist eine verlässliche Sorte mit gleichmäßigen Knollen.
- 'Ruby' ist außen rötlich und innen gelb.

VERWANDLUNGS-KÜNSTLERIN

Steckrüben nehmen leicht den Geschmack anderer Zutaten an: Kocht man sie zusammen mit Möhren, schmecken sie nach Möhren. Im Apfelmus ähnelt ihr Geschmack jenem der Äpfel.

Grünkohl

Brassica oleracea var. *sabellica*

Grünkohl wird seit Generationen wegen seiner schmackhaften Blätter kultiviert, die bis weit in den Winter hinein geerntet werden können (siehe Seite 124). Im Sommer kann man die jungen Blätter für Salate verwenden. Viele Sorten werden recht hoch und sehen mit ihren interessanten Farben und Blattformen im Gemüsegarten eindrucksvoll aus (siehe Seite 54).

STANDORT

Pflanzen zum Überwintern an einen windgeschützten Platz mit durchlässigem Boden setzen. Grünkohl verträgt etwas Schatten, an einem Sonnenplatz fällt die Winterernte aber besser aus. Als Salatgemüse kann er sogar auf der Fensterbank gezogen werden (siehe Seite 104).

ANBAU

Für die Winterernte von Hochsommer bis Spätsommer mit der Anzucht beginnen. In Anzuchttöpfe säen und später in größere Gefäße umpflanzen. Wenn die Wurzeln den Topf ausfüllen, kann man ihn abhärten und danach ins Beet pflanzen. Für höhere Sorten schon beim Auspflanzen Stützen in den Boden stecken (siehe Seite 128). Die Wurzeln sehr gut andrücken.

KULTURTIPP

Zuerst die unteren Blätter ernten, damit die Pflanze weiter wächst. Wenn kaltes Wetter einsetzt, wächst Grünkohl nur langsam, ernten Sie daher von mehreren Pflanzen und immer nur so viel, wie Sie sofort verwenden wollen.

SPAZIERSTOCK

‚Jersey Walking Stick' heißt eine Grünkohlsorte, die auf den Kanalinseln gezüchtet wurde und bis 5,5 m hoch werden kann. Früher wurde der Strunk getrocknet, lackiert und als Gehstock verwendet.

INTERESSANTE SORTEN

- 'Dwarf Green Curled' bildet gekräuselte, kräftig grüne Blätter und wird 60 cm hoch.
- 'Kadett' bildet dunkelgrüne Blätter und ist sehr frosthart.
- 'Redbor' ist eine dekorative Sorte mit rötlichen Blättern.

GRÜN-, BRAUN- ODER SCHWARZKOHL?

Wer sich intensiver mit den verschiedenen Kohlarten beschäftigt, verliert sich schnell im Namensdschungel. Grünkohl heißt in manchen Gegenden auch Braunkohl oder Krauskohl. Schwarzkohl wiederum ist ein Synonym für Palmkohl. Manche Sortennamen stiften zusätzlich Verwirrung: So ist die 'Ostfriesische Palme', die über 2 m hoch werden kann, kein Palmkohl, sondern eine Grünkohlsorte.
Grünkohl ist zweijährig, es gibt aber auch mehrjährige Sorten, die rund ums Jahr geerntet werden können. Sie bringen etwa drei Jahre lang Erträge und können dann durch herangezogene Stecklinge ersetzt werden. Lohnende Sorten sind 'Russian Red' und 'Daubenton's Green'.
Palmkohl (*Brassica oleracea* var. *palmifolia*) hat glattere, blasige Blätter, die tatsächlich an Palmwedel erinnern. Er wird vor allem in Norditalien angebaut und ist nicht frosthart. Die bekannteste Art ist 'Cavolo Nero di Toscana' mit tief dunkelgrünen Blättern.

Brokkoli

Brassica oleracea var. *italica*

Brokkoli kann ganzjährig angepflanzt werden, die besten Zeiten sind aber Frühsommer und Herbst. Die dunkelgrünen Köpfe schmecken kurz blanchiert und gekocht gleichermaßen gut.

Familie: Brassicaceae

Höhe: 60 cm

Abstand: 40 cm zwischen Pflanzen, 40 cm zwischen Reihen

Winterhärte: winterhart

Standort: volle Sonne

Essbare Teile: Blütenstände, Blätter

Ernte: Sommer bis Herbst

STANDORT

Brokkoli benötigt einen windgeschützten Platz und fruchtbaren Boden. Nährstoffarme, sandige Böden sowie Flächen, auf denen vorher Starkzehrer standen, sollten Sie vor der Pflanzung mit organischer Substanz anreichern. Die Pflanzen tolerieren etwas Schatten, sollten aber möglichst hell stehen.

ANBAU

Im Spätwinter oder zeitigen Frühjahr in Anzuchttöpfen vorziehen, alternativ im Spätsommer. Sämlinge in Einzeltöpfe pikieren, abhärten und im Spätfrühjahr auspflanzen, sobald die Wurzeln die Töpfe ausfüllen. Wenn späte Fröste drohen, sollten die Pflanzen mit Gartenvlies abgedeckt werden.

KULTURTIPP

Wenn der Hauptkopf geerntet ist und die Pflanze im Beet bleibt, bilden sich seitlich am Spross kleinere Köpfe.

KOPF ODER SPROSS?

Brokkoli gibt es in zwei Varianten. Die bei uns gebräuchlichere bildet große, kompakte Blütenstände. Sprossbrokoli trägt lockere Blütenstände mit kleinen Röschen (siehe Seite 61).

INTERESSANTE SORTEN

- 'Belstar' ist eine Sorte, die nur langsam Samen bildet.
- 'Fiesta' ist eine verlässliche Sorte mit dunkelgrünen Köpfen.

Gemüse mit Zierwert

Die Vielfalt der Farben, Formen und Texturen von Gemüse ist so groß, dass sie regelrecht dazu herausfordert, dekorative Gestaltungsideen zu entwickeln. Im Königlichen Botanischen Garten in Kew (London) werden seit Jahren Zierbeete um das Palmenhaus und in anderen Bereichen ausschließlich mit Gemüse bepflanzt. Sie sehen aus wie klassische Schmuckbeete, sind aber komplett essbar.

Im Gegensatz zum Nutzgarten müssen für ein Zierbeet mit Gemüse alle Jungpflanzen gleichzeitig bereit zum Auspflanzen sein. Auch werden die Pflanzabstände meist kleiner gewählt, damit möglichst wenig Erde zu sehen ist. Sie können die Pflanzen vorziehen oder, um Zeit zu sparen, Jungpflanzen kaufen. Planen Sie die Anordnung sorgfältig und pflanzen Sie akkurat, denn wenn die Pflanzen größer werden, kann es schwierig sein, Korrekturen vorzunehmen.

Messen Sie die Fläche aus und zeichnen Sie sie maßstabsgetreu auf Karopapier. Dann die Abstände festlegen und die Anzahl der benötigten Pflanzen ermitteln. Säen oder kaufen Sie 20 Prozent mehr, um möglichst dicht pflanzen zu können. Achten Sie auf verschiedene Blattformen und Pflanzenhöhen. Grünkohl oder Kletterpflanzen an Stützen können als Blickfang dienen. Wählen Sie Arten in intensiven Farben, etwa violette Bohnen oder rotblättrige Rote Bete, die sich von ihrer überwiegend grünen Umgebung gut abheben.

Wenn die Pflanzen im Hochsommer beginnen, in die Höhe zu schießen und Samen zu bilden, sollten Sie sie ersetzen. Für die Frühjahrsbepflanzung eignen sich Ackerbohnen, Erbsen, Radieschen, Rotkohl und Rote Bete, in den wärmeren Monaten sorgen Tomaten, Paprika und Zucchini für Aufsehen. Salat, Mangold, Möhren und Grünkohl sehen in jeder Saison gut aus.

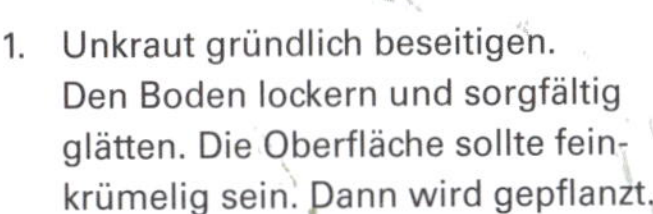

1. Unkraut gründlich beseitigen. Den Boden lockern und sorgfältig glätten. Die Oberfläche sollte feinkrümelig sein. Dann wird gepflanzt.
2. Die Reihen oder Flächen der verschiedenen Arten mit Schnur, Sand oder Markierspray kennzeichnen.
3. Die Jungpflanzen zuerst mit ihren Töpfen an ihre Plätze stellen und das Bild nochmals begutachten. Einpflanzen, gut andrücken und bewässern.
4. Das Beet unkrautfrei halten, regelmäßig gießen und düngen. Pflanzen, die nicht gut gedeihen, ersetzen Sie durch Exemplare aus der Reserve.
5. Entfernen Sie im Hochsommer die Frühjahrsbepflanzung. Die Erntemenge ist so groß, dass Sie einiges an Nachbarn abgeben können. Dann das Sommer- und Herbstgemüse pflanzen.

Blumenkohl

Brassica oleracea var. *botrytis*

Blumenkohl gibt es in verschiedenen dekorativen Farben – von Weiß über Orange und Grün bis Violett (siehe Seite 54). Er kann ganzjährig kultiviert werden.

Familie: Brassicaceae

Höhe: 60 cm

Abstand: 60 cm zwischen Pflanzen, 60 cm zwischen Reihen

Winterhärte: winterhart

Standort: volle Sonne

Essbare Teile: Blütenstände, Blätter

Ernte: Sommer bis Herbst

STANDORT

Blumenkohl braucht einen windgeschützten Platz und eventuell Stützen. Ideal ist ein neutraler bis leicht saurer Boden (pH-Wert 6,8). Wenn aber auf dem Grundstück die Kohlhernie auftritt, sollten Sie den Boden kalken, um der Krankheit vorzubeugen.

ANBAU

Im Spätwinter in Anzuchttöpfen vorziehen, in Töpfe pikieren und abhärten. Die Setzlinge etwas tiefer ins Beet pflanzen, als sie im Topf standen, und sehr gut andrücken. Ein Kohlkragen schützt vor Kohlfliegen (siehe Seite 133). Auch Netze zum Schutz vor Tauben und Kohlweißlingen sind empfehlenswert (siehe Seite 25, Seite 132–134). Für die Herbsternte kann Blumenkohl im Hochsommer ausgesät werden.

KULTURTIPP

Kontrollieren Sie Ihre Pflanzen regelmäßig. Wenn die Blütenstände eine unebene Oberfläche bekommen, setzt bald die Samenbildung ein. Dann sollten Sie rasch ernten.

INTERESSANTE SORTEN

- 'All the Year Round' ist eine verlässliche Sorte für Frühjahr und Sommer.
- 'Erfurter Zwerg' ist eine sehr robuste Sorte, die schon früh gepflanzt werden kann. Die Köpfe sind etwas kleiner.
- 'Alverda' ist eine Herbstsorte.
- 'Winter Aalsmeer' eignet sich gut zum Überwintern, Ernte im Frühjahr.

BLÜTENWEISS

Damit Blumenkohl schön weiß bleibt, deckt man die Köpfe während ihrer Entwicklung mit den Blättern ab, um sie vor Regen und Schmutz zu schützen.

Kopfkohl

Brassica oleracea var. *capitata*

Unter dem Begriff Kopfkohl fasst man Weiß-, Spitz- und Rotkohl sowie Wirsing zusammen. Wer verschiedene Sorten anpflanzt, kann rund ums Jahr Kohl ernten. Besonders wertvoll sind Frühsommer- und Wintersorten, denn beide werden geerntet, wenn der Gemüsegarten sonst nicht viel abwirft (siehe Seite 124). Kohl gibt es in verschiedenen Formen und Farben. Viele sehen ausgesprochen dekorativ aus (siehe Seite 54).

Familie: Brassicaceae

Höhe: 50 cm

Abstand: 50 cm zwischen Pflanzen, 50 cm zwischen Reihen

Winterhärte: winterhart

Standort: volle Sonne

Essbare Teile: Blätter

Ernte: Ganzjährig

STANDORT

Volle Sonne und fruchtbarer, gut durchlässiger Boden sind vor allem zur Überwinterung wichtig. Kohl braucht einen windgeschützten Platz, die Wurzeln nehmen es übel, wenn sie im Boden hin und her bewegt werden.

ANBAU

Je nach Sorte und gewünschtem Erntetermin kann Kohl ganzjährig gesät werden (siehe Seite 58). Zur Überwinterung sollten die Pflanzen vor dem ersten Frost groß genug sein, damit sie die Kälte überstehen, aber noch keine Köpfe gebildet haben. In flachen Schalen aussäen, später in Töpfe pikieren. Vor allem den im Winter gesäten Kohl vor dem Auspflanzen gut abhärten. Im Beet fest andrücken und angießen. Zum Schutz vor Schädlingen Kohlkragen und Netze bereithalten (siehe Seite 25 und Seite 132–134). In offenen Lagen anhäufeln, um die Standfestigkeit zu verbessern.

KULTURTIPP

Weil Kohl recht langsam wächst, eignen sich Radieschen (siehe Seite 107) oder Rüben (siehe Seite 62) als Zwischensaat, um die Fläche auszunutzen. Eine gute Begleitpflanze ist auch Kapuzinerkresse *(Tropaeolum majus)*, die als «Opferpflanze» für Raupen dient (siehe Seite 25).

KREUZBLÜTLER

Alle Kohlarten und zahlreiche andere Pflanzen wie Raps oder Senf gehören zur Familie der Kreuzblütler. Sie alle tragen Blüten mit vier Kronblättern, die kreuzförmig angeordnet sind. Viele werden traditionell als Heilpflanzen verwendet.

KOHL FÜR JEDE SAISON

FRÜHE SORTEN haben überwintert. Sie bilden kleine, aber köstliche Köpfe. Sät man im Spätsommer, kann man jederzeit ernten, am besten aber im Frühjahr, wenn der Garten noch keine Erträge bringt.

MITTLERE SORTEN werden im Winter oder zeitigen Frühjahr gesät. Meist handelt es sich um Spitzkohl, der konische Köpfe bildet. Er ist milder als andere Kohlsorten, überwintert aber nicht. Aber auch von Rot- und Weißkohl gibt es entsprechende Sorten.

SPÄTE SORTEN erntet man im Herbst oder Winter. Gesät wird im Hochsommer, damit sich die Pflanzen gut entwickeln können, bevor der Winter anbricht. Die Köpfe sind oft groß.

INTERESSANTE SORTEN

Frühe Sorte

- 'Durham Early' ist ein konischer Spitzkohl mit hellgrünen Blättern.

Mittlere Sorten

- 'Greyhound' ist ein verlässlicher Spitzkohl mit hellgrünen Blättern.
- 'Kalibos' ist ein Rotkohl in konischer Form.

Späte Sorten

- 'January King' ist eine alte Wirsingsorte, die Temperaturen bis –10 °C verträgt und bläulich-grüne Blätter bildet.
- 'Filderkraut' ist eine typische Weißkohlsorte für Sauerkraut.

Rosenkohl

Brassica oleracea var. *gemmifera*

Rosenkohl ist ein sehr frostverträgliches, feines Wintergemüse, das gern als Beilage zum Weihnachtsmenü serviert wird (siehe Seite 124). Im winterlich kahlen Garten sehen die hohen Pflanzen attraktiv aus.

Familie: Brassicaceae

Höhe: 80 cm

Abstand: 60 cm zwischen Pflanzen, 60 cm zwischen Reihen

Winterhärte: winterhart

Standort: volle Sonne

Essbare Teile: Röschen, Blätter

Ernte: Winter

STANDORT

Rosenkohl braucht möglichst viel Sonne und einen windgeschützten Platz mit durchlässigem Boden. Wie alle Kohlgewächse ist Rosenkohl ein Starkzehrer.

ANBAU

Für die Winterernte im späten Frühjahr in Anzuchttöpfen aussäen. Die Pflanzen erst abhärten und auspflanzen, wenn sie eine gute Größe erreicht haben. Stützen ins Erdreich stecken (siehe Seite 128). Die Setzlinge etwas tiefer pflanzen, als sie im Topf standen, und sehr gut andrücken. Im Sommer regelmäßig wässern. Die unteren Blätter abknipsen, wenn sie gelb werden, um Krankheiten vorzubeugen. Die Röschen über Winter nach Bedarf ernten, wenn sie einen Durchmesser von 2–3 cm haben.

KULTURTIPP

Neben den Röschen sind auch die Blätter an der Spitze des Sprosses essbar.

NEUE KREUZUNG

Relativ neu ist eine Kreuzung aus Rosenkohl und Grünkohl, Flower Sprouts genannt. Die Röschen öffnen sich und sehen wie kleine Grünkohlbüschel aus.

INTERESSANTE SORTEN

- 'Red Bull' bildet rote Röschen.
- 'Trafalgar' bringt zuverlässig gute Erträge.

Kohlrabi

Brassica oleracea var. *gongylodes*

Bei den Knollen dieser Pflanze aus der Kohlfamilie handelt es sich um den angeschwollenen Spross. Kohlrabi hat einen sehr milden Kohlgeschmack und kann roh oder kurz gegart genossen werden.

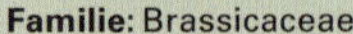

Familie: Brassicaceae

Höhe: 30 cm

Abstand: 25 cm zwischen Pflanzen, 25 cm zwischen Reihen

Winterhärte: winterhart

Standort: volle Sonne

Essbare Teile: Sprossknolle, Blätter

Ernte: Sommer, Herbst bis Winter

STANDORT

Ideal ist ein sonniger Standort mit durchlässigem, vorzugsweise sandhaltigem Boden.

ANBAU

Im Frühjahr für die Ernte im Frühsommer säen. Alternativ im Spätsommer oder Frühherbst säen, um bis in den Winter hinein zu ernten. In Anzuchttöpfen vorziehen oder direkt ins Beet säen, wenn die Bodentemperatur 10 °C erreicht hat. Bei Anzucht im Haus die Setzlinge auspflanzen, solange sie noch recht klein sind. Nach der Pflanzung regelmäßig wässern. Bei Wassermangel werden die Knollen holzig. Geerntet wird, wenn die Knollen Tennisballgröße haben.

KULTURTIPP

Violette Sorten sind frosttoleranter und eignen sich darum besser für die späte Aussaat.

INTERESSANTE SORTEN

- 'Delikatess Weißer' hat eine hellgrüne Schale und weißes Fleisch.
- 'Kolibri' ist eine verlässliche violette Sorte.

KOHLRÜBE

Der Name Kohlrabi setzt sich aus «caulis» für Kohl und «rapum» für Rübe zusammen. Auch Oberrübe, Kohlrübe oder Rübkohl sind gebräuchliche Bezeichnungen.

Sprossbrokkoli

Brassica oleracea var. *italica*

Diese Kohlart mit den lockeren Köpfen aus violetten, grünen oder weißen Blütenständen ist im Winter eine wertvolle Bereicherung für das Gemüsebeet und den Speisezettel (siehe Seite 124).

Familie: Brassicaceae

Höhe: 90 cm

Abstand: 60 cm zwischen Pflanzen, 60 cm zwischen Reihen

Winterhärte: winterhart

Standort: volle Sonne

Essbare Teile: Blütenstände

Ernte: Sommer, Winter

STANDORT

Sprossbrokkoli benötigt einen windgeschützten Platz und nährstoffreichen Boden mit gutem Wasserhaltevermögen. Die Pflanzen sollten gestützt werden (siehe Seite 124). Vor der Pflanzung organische Substanz in den Boden einarbeiten.

ANBAU

Bis zur Reife braucht dieses Gemüse etwa neun Monate, säen Sie daher für die Winterernte schon im Frühjahr an einem geschützten Ort aus. Wenn sich Wurzeln am Boden der Anzuchttöpfe zeigen, wird pikiert, abgehärtet und ausgepflanzt. Sehr gut andrücken, denn die Pflanze mag es nicht, wenn ihre Wurzeln gestört werden. Bei sommerlicher Trockenheit regelmäßig bewässern.

KULTURTIPP

Die Blütenstände ernten, sobald sie erscheinen, damit sie keine Samen bilden. Eine regelmäßige Ernte regt zudem die Bildung neuer Blütenstände an.

KÄLTE ERWÜNSCHT

Damit Sprossbrokkoli mit der Blütenbildung beginnt, müssen die Jungpflanzen mehrere Wochen Temperaturen unter 10 °C ausgesetzt sein. Das nennt man Vernalisation.

INTERESSANTE SORTEN

- 'Rosalind' bildet mittelgroße, violette Blütenstände. Nach der Ernte erscheinen starke Seitentriebe.
- 'Burbank' F1 hat weiße Blütenstände.
- 'Early Purple Sprouting' (kurz 'Sprouting') ist eine ertragreiche Wintersorte.

Speiserübe

Brassica rapa subsp. *rapa*

Dieses schnell wachsende Gemüse schmeckt am besten im Frühsommer oder Herbst. Die geschwollenen Wurzeln können verschiedene Formen und Farben haben. Rüben schmecken roh und gegart, auch die Blätter sind essbar. Mairüben, Teltower Rübchen und Herbstrüben sind spezielle Formen der Speiserübe.

Familie: Brassicaceae

Höhe: 30 cm

Abstand: 20 cm zwischen Pflanzen, 20 cm zwischen Reihen

Winterhärte: winterhart

Standort: volle Sonne

Essbare Teile: Wurzel, Blätter

Ernte: Frühsommer, Frühwinter

STANDORT

Die Speiserübe bevorzugt einen sonnigen Standort mit durchlässigem Boden. Vor der Pflanzung organische Substanz in den Boden einarbeiten. Rüben gedeihen auch gut in Kübeln.

ANBAU

In Anzuchttöpfen vorziehen oder direkt ins Beet säen – im Frühjahr für die Frühsommerernte, im Herbst für die Ernte im frühen Winter. Während der Keimung das Pflanzmedium feucht halten. Vorgezogene Rüben sollten umgepflanzt werden, solange sie noch recht klein sind. Geerntet wird nach zehn bis zwölf Wochen. Die Rüben frisch verzehren oder in einer Erdmiete einlagern (siehe Seite 80).

KULTURTIPP

Weil Rüben sehr schnell wachsen, können sie im Beet gut mit Rosenkohl (siehe Seite 59) oder anderen langsam wachsenden Gemüsearten kombiniert werden, um den Platz optimal auszunutzen (siehe Seite 24).

RÜBE IM WAPPEN

Auf der Festung Hohensalzburg in Österreich hat die Rübe eine besondere Bedeutung: Erzbischof Leonhard von Keutschach nahm sie in sein Wappen auf. Einer Legende zufolge soll sein Onkel ihm während seiner Kindheit eine Rübe an den Kopf geworfen haben, weil er so ein fauler Schüler war. Vielleicht verweist die Rübe aber auch nur auf das bäuerliche Erbe Keutschachs. In jedem Fall war sie zu seiner Zeit ein Symbol des Wohlstands.

INTERESSANTE SORTEN

- 'Golden Ball' bildet kugelrunde Rüben mit gelber Schale.
- 'Purple Top Milan' ist eine alte Sorte mit abgeflachter Form. Sie ist oben violett und wird zur Spitze hin weiß.

Pak Choi

Brassica rapa subsp. *chinensis*

Diese asiatische Kohlart bildet keine festen Köpfe. Verzehrt werden die Blätter und Blattstiele. Die jungen Blätter schmecken gut roh im Salat.

Familie: Brassicaceae

Höhe: 20 cm

Abstand: 10 cm zwischen Pflanzen, 30 cm zwischen Reihen

Winterhärte: winterhart

Standort: volle Sonne

Essbare Teile: Stiele, Blätter

Ernte: Sommer bis Herbst

STANDORT

Pak Choi bevorzugt volle Sonne und einen Boden mit gutem Wasserhaltevermögen. Er toleriert vor allem in heißen Sommern auch etwas Schatten.

ANBAU

In Anzuchttöpfen vorziehen – im zeitigen Frühjahr für die Ernte im Frühsommer oder im Spätsommer für die Herbsternte. Die optimale Keimtemperatur liegt bei 21 °C, danach sollten Sie die Pflanzen bei 13–21 °C kultivieren, damit sie nicht vorzeitig Samen bilden. Wenn sie groß genug sind, Pflänzchen abhärten, auspflanzen und gut angießen. Die Blätter können in jedem Wachstumsstadium geerntet werden.

KULTURTIPP

Da kleine Sorten schon nach 30 Tagen erntereif sind, eignet sich Pak Choi gut, um Lücken zwischen langsam wachsendem Gemüse zu füllen.

SELBST-VERTEIDIGUNG

Wie viele Kohlgewächse bildet auch Pak Choi Glukosinolate. Die darin enthaltenen Senföle geben ihm seinen typischen, pikanten Geschmack. Der Pflanze dienen die Öle als Schädlingsabwehr, denn sie werden freigesetzt, wenn die Blätter beschädigt werden.

INTERESSANTE SORTEN

- 'Canton Dwarf' ist kompakt mit grünen Blättern.
- *B. rapa* var. *rosularis* wird Tatsoi genannt und bildet lockere Rosetten aus dunkelgrünen Blättern.

Mizuna

Brassica rapa var. *nipposinica*

Dieses Blattgemüse kann roh oder kurz gegart genossen werden. Aufgrund seines pikanten Senfgeschmacks wird es auch Senfkohl genannt. Ernten Sie die Blätter je nach Geschmack und Verwendung jung oder gut ausgebildet.

Familie: Brassicaceae

Höhe: 20 cm

Abstand: 10 cm zwischen Pflanzen, 25 cm zwischen Reihen

Winterhärte: winterhart

Standort: volle Sonne

Essbare Teile: Blätter

Ernte: Herbst bis Frühjahr

STANDORT

Mizuna bevorzugt einen sonnigen Platz, toleriert aber auch leichten Schatten. Die Kohlart kann auch auf der Fensterbank oder im Blumenkasten gezogen und als «Babysalat» verwendet werden.

ANBAU

Mizuna kann ganzjährig angepflanzt werden, neigt im Sommer aber dazu, in Saat zu schießen, darum lieber im Spätsommer säen und von Herbst bis Frühjahr ernten. In Anzuchttöpfe oder direkt ins Beet säen. Vorgezogene Pflanzen abhärten und auspflanzen, sobald sie groß genug sind. Bei Direktsaat in eine Rille säen und später auf 10 cm ausdünnen. Die ausgezupften Sämlinge kann man essen.

KULTURTIPP

Mizuna kann im Freien überwintern, sollte aber mit Gartenvlies oder einem Frühbeetkasten vor starkem Frost geschützt werden (siehe Seite 25).

WASSERKRAUT

Der Name der Pflanze setzt sich aus den japanischen Wörtern *mizu* (Wasser) und *nu* (Senfpflanze) zusammen. Er bezieht sich darauf, dass Mizuna manchmal in überfluteten Feldern wächst.

Komatsuna

Brassica rapa var. *perviridis,* auch Japanischer Senfspinat

Dieses Blattgemüse gehört zu den Kohlgewächsen und hat mit seinen Verwandten das pikante Senfaroma gemeinsam. Es kann ganzjährig geerntet werden.

Familie: Brassicaceae

Höhe: 30 cm

Abstand: 5 cm zwischen Pflanzen, 30 cm zwischen Reihen

Winterhärte: winterhart

Standort: volle Sonne oder Halbschatten

Essbare Teile: Blätter

Ernte: Ganzjährig

STANDORT

Anbau für die Winterernte in voller Sonne und durchlässigem, nährstoffreichem Boden. Im Sommer ist etwas Schatten vorteilhaft, um eine vorzeitige Samenbildung zu vermeiden.

ANBAU

Für die Winterernte wird im Spätsommer in Anzuchttöpfe gesät. Wenn die Wurzeln den Topf ausfüllen, die Pflänzchen abhärten und an den endgültigen Platz pflanzen. Gut angießen. In der kalten Jahreszeit häufig kleinere Mengen ernten.

KULTURTIPP

Komatsuna-Blätter entwickeln mit dem Alter ein schärferes Aroma. Wer lieber mild isst, erntet sie jung.

SENPOSAI

Dieses Blattgemüse ist eine Kreuzung zwischen Komatsuna und Kohl. Es bildet zarte Blätter mit einem milden Kohlgeschmack.

Paprika, Chili

Capsicum sp.

Im Spätsommer leuchten reife Paprika in Gelb, Rot und Orange. Manche Sorten sind mild, andere extrem scharf. Die Früchte schmecken roh und gegart, können aber auch als Gewürz getrocknet werden.

Familie: Solanaceae

Höhe: 60 cm

Abstand: 45 cm zwischen Pflanzen, 75 cm zwischen Reihen

Winterhärte: frostempfindlich

Standort: volle Sonne

Essbare Teile: Früchte

Ernte: Spätsommer bis Herbst

STANDORT

Paprika benötigt einen sonnigen, windgeschützten Platz mit fruchtbarem, durchlässigem Boden. Sie gedeiht ausgezeichnet im Gewächshaus.

ANBAU

Weil Paprika sehr viel Zeit benötigt, um zu reifen, wird sie bereits im Spätwinter in Anzuchttöpfen vorgezogen. Die Samen mit Vermiculit bedecken. Die Keimung dauert bei 18–21 °C bis zu einen Monat. Pikiert wird, wenn die ersten echten Blätter erscheinen. In größere Töpfe umpflanzen, später abhärten und nach den letzten Frösten auspflanzen. Die Pflanzen stützen, damit sie durch die schweren Früchte keinen Schaden nehmen (siehe Seite 128).

KULTURTIPP

Wenn man Paprika grün erntet, bildet die Pflanze mehr neue Früchte. Die Eigenschaften der Früchte – Süße oder Schärfe – prägen sich aber besser aus, wenn man sie länger an der Pflanze reifen lässt.

SCHARFE VERWANDTE

Am häufigsten wird die Art *C. annuum* kultiviert, zu den schärferen Verwandten gehören *C. frutescens* (z. B. Tabasco), *C. pubescens* (auch Rocoto genannt), *C. chinense* (z. B. Habanero, Scotch Bonnet) und *C. baccatum.*

INTERESSANTE SORTEN

Chilis:

- 'Habanero Red' ist eine sehr scharfe Sorte.
- 'Scotch Bonnet' mit kleinen, roten, sehr scharfen Früchten stammt aus der Karibik.
- 'Tabasco' ist eine alte Sorte von 1848. Die kleinen Früchte verfärben sich von Grün über Orange bis Rot und sind sehr scharf.

Gemüsepaprika:

- 'Marconi Rosso' ist eine milde Sorte mit länglichen, roten Früchten.
- 'Padron' wird meist geerntet, wenn sie grün und noch mild ist. Manche besitzen aber schon Schärfe.
- 'Orange Dwarf' trägt kleine, orangefarbene Früchte mit mild-pikantem Geschmack. Wächst gut in Kübeln.

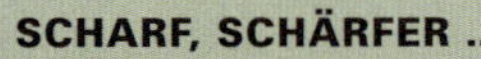

SCHARF, SCHÄRFER ...

Um die Schärfe von Paprika und Chilis anzugeben, wird der Gehalt des Alkaloids Capsaicin ermittelt und in Schärfegraden angegeben. Dazu entwickelte der amerikanische Apotheker Wilbur Scoville 1912 einen Test. Die Schärfegrade sind nach ihm benannt: Scoville Heat Units (SHU). Eine Gemüsepaprika hat 0 bis 100 SHU, eine Scotch-Bonnet-Chili hat 100.000 bis 350.000 SHU. Die schärfsten bekannten Chilis sind 'Carolina Reaper' und 'Dragon's Breath' mit 800.000 bis 3.200.000 SHU.

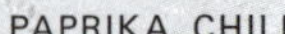

Endivie

Cichorium endivia

Die Endivie ist winterhart. Die Blätter kann man auch in der kalten Jahreszeit ernten, wenn man die Köpfe abdeckt (siehe Seite 25).

Familie: Asteraceae

Höhe: 20 cm

Abstand: 25 cm zwischen Pflanzen, 25 cm zwischen Reihen

Winterhärte: verträgt leichten Frost

Standort: volle Sonne

Essbare Teile: Blätter

Ernte: Sommer, Herbst bis Winter

STANDORT

Die Endivie braucht viel Sonne und einen Boden mit gutem Wasserhaltevermögen. Im Sommer gedeiht sie auch im Halbschatten. Weil sie wenig Nährstoffe benötigt, ist sie eine gute Folgefrucht für Kartoffeln und andere Starkzehrer (siehe Seite 121).

ANBAU

Für die Sommerernte im Frühjahr in Anzuchttöpfe säen, für die Herbst- und Winterernte im Spätsommer säen. Wenn die Sämlinge drei oder vier echte Blätter haben, abhärten, auspflanzen und gut angießen. Geerntet wird, wenn die Pflanzen Köpfe gebildet haben. Von lockeren Sorten wie 'Romanesca da Taglio' regelmäßig die äußeren Blätter ernten.

KULTURTIPP

Endivie schmeckt weniger bitter, wenn man sie bleicht. Dafür genügt es, den Kopf zwei Wochen vor der Ernte mit einem Eimer abzudecken.

WEISSES GOLD

Diese Gemüseart wurde 1830 in Belgien entdeckt. 1872 kam sie in Paris auf die Märkte und war dort so beliebt, dass man sie «Weißes Gold» nannte.

INTERESSANTE SORTEN

- 'Encornet de Bordeaux' ist eine alte Sorte, die Frost bis –5 °C verträgt.
- 'Pancalieri' ist eine selbstbleichende Sorte mit krausen Blättern.

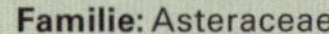

Chicorée

Cichorium intybus var. *foliosum*

Das attraktive Wintergemüse schmeckt roh als Salat, die gebleichten Köpfe können aber auch gegart werden. Aus der Wurzel wird Ersatzkaffee hergestellt.

STANDORT

Chicorée gedeiht am besten in voller Sonne und durchlässigem Boden, verträgt aber auch Halbschatten. Er benötigt weniger Nährstoffe als viele andere Gemüsearten.

ANBAU

Für die Ernte im Herbst und Winter wird im Frühsommer in Schalen ausgesät. Die Sämlinge abhärten und auspflanzen, wenn sie groß genug sind. Von Radicchio und Zuckerhut können einzelne Blätter nach Bedarf geerntet werden. Die Köpfe sind erntereif, wenn sie sich fest anfühlen. Um weißen Chicorée im Dunkeln zu treiben, die gesamte Pflanze im Herbst ausgraben, die Blätter abschneiden und die Wurzeln in einen Kasten mit feuchter Gartenerde stecken. An einen warmen Platz stellen (ca. 15 °C) und mit einem Eimer abdecken (siehe Seite 110). So entstehen die schlanken, blassen Köpfe.

KULTURTIPP

Chicorée ist eng mit dem Löwenzahn *(Taraxacum officinale)* verwandt und sieht als Jungpflanze ähnlich aus. Später verändern sich jedoch seine Farbe und Wuchsform.

Familie: Asteraceae

Höhe: 30 cm

Abstand: 30 cm zw. Pflanzen, 30 cm zw. Reihen

Winterhärte: verträgt leichten Frost

Standort: volle Sonne

Essbare Teile: Blätter, gebleichte Köpfe, Wurzeln

Ernte: Herbst bis Winter

DREIERLEI

Von Chicorée gibt es drei Kulturformen. Der eigentliche Chicorée bildet schlanke blasse Köpfe. Bei Radicchio sind die Köpfe rundlich, die Blätter sind rötlich violett. Zuckerhut bildet schlank-aufrechte Köpfe mit grünen Blättern und hellerem Herzen.

INTERESSANTE SORTEN

- 'Brussels Witloof' lässt sich gut im Dunkeln treiben.
- 'Pain de Sucre' ist ein Zuckerhut und bildet schlanke Köpfe.
- 'Palla Rossa' ist ein verlässlicher Radicchio.

Winterportulak

Claytonia perfoliata, auch Tellerkraut, Postelein

Dieses saftige Blattgemüse wird meist im Herbst geerntet und ist aufgrund der Konsistenz seiner Blätter eine interessante Bereicherung für Salate.

Familie: Montiaceae

Höhe: 15 cm

Abstand: 15 cm zwischen Pflanzen, 20 cm zwischen Reihen

Winterhärte: verträgt leichten Frost

Standort: volle Sonne

Essbare Teile: Blätter

Ernte: Herbst bis Frühwinter

STANDORT

Winterportulak bevorzugt durchlässigen Boden in voller Sonne, verträgt aber auch Halbschatten.

ANBAU

Im Spätsommer in Schalen aussäen und das Substrat stets leicht feucht halten. Wenn die Pflanzen groß genug sind, werden sie abgehärtet und ausgepflanzt. Anschließend gut angießen. Die Blätter können nach Bedarf gepflückt werden. Mit einem Kälteschutz lässt sich die Ernte bis in den Winter hinein ausdehnen (siehe Seite 25).

KULTURTIPP

Winterportulak versamt sich leicht, aber die Sämlinge sind an ihren langen Blattstielen und den runden Blättern leicht zu erkennen. Was zu viel ist, einfach auszupfen und essen!

GOLDGRÄBERKRAUT

Während des Goldrauschs aßen die Goldgräber Portulak zur Vorbeugung gegen Skorbut. Angeblich soll Archibald Menzies 1794 dem Königlichen Botanischen Garten in Kew (England) einige Pflanzen überlassen haben.

Meerkohl

Crambe maritima

Dieses mehrjährige Gemüse wächst wild an Europas Küsten. Im Frühjahr kann man die gebleichten Stiele essen – eine willkommene Delikatesse, weil der Gemüsegarten um diese Jahreszeit noch nicht viel abwirft.

Familie: Brassicaceae

Höhe: 60 cm

Abstand: 60 cm zwischen Pflanzen, 60 cm zwischen Reihen

Winterhärte: winterhart

Standort: volle Sonne

Essbare Teile: Stiele, Blätter

Ernte: Frühjahr

STANDORT

Meerkohl braucht ein sonniges, offenes Beet mit durchlässigem Boden. Da die Pflanze mehrere Jahre an ihrem Platz bleibt, sollten Sie sie nicht in die Fruchtfolge einbeziehen.

ANBAU

Im Frühjahr Wurzelstecklinge pflanzen oder im Spätwinter Meerkohl aus Samen heranziehen. Die ideale Keimtemperatur liegt bei 7 °C. Im Sommer auspflanzen. Bei schwerem Boden in jedes Pflanzloch etwas groben Sand geben. Blüten entfernen, sobald sie sich bilden, damit der Meerkohl seine Energie nicht in die Fortpflanzung steckt. Im ersten Frühjahr nach der Pflanzung nicht ernten, sondern die Pflanze kräftiger werden lassen. Meerkohl zieht über Winter das Laub ein. Wenn er im Frühling wieder austreibt, die Stiele bleichen (siehe Seite 110) und ernten. Nach der Ernte mulchen und die Pflanze mit einem Universaldünger-Granulat versorgen.

KULTURTIPP

Bleichen Sie den Meerkohl, indem sie ihn lichtdicht abdecken, dann schmecken seine Stiele milder. Im Dunkeln wachsen die Stiele auf der Suche nach Licht in die Länge. Die enthaltene Stärke wird in Zucker umgewandelt.

VORBEUGUNG

Die Römer nahmen auf langen Reisen eingelegten Meerkohl als Verpflegung und Vitamin-C-Quelle gegen Skorbut mit.

Gurke

Cucumis sativus

Gurken sind eine hervorragende Salatzutat. Es ist ein Vergnügen, an einem heißen Tag die erfrischenden Früchte direkt von der Pflanze zu verzehren.

Familie: Cucurbitaceae

Höhe: 2 m

Abstand: 45 cm zwischen Pflanzen, 75 cm zwischen Reihen

Winterhärte: frostempfindlich

Standort: volle Sonne

Essbare Teile: Früchte

Ernte: Herbst bis Frühwinter

STANDORT

Je nach Sorte in Freiland oder im Gewächshaus kultivieren. Im Gewächshaus in Substrat mit gutem Wasserhaltevermögen pflanzen und eine Kletterhilfe bereitstellen (siehe Seite 128). Im Freiland an einen vollsonnigen Standort pflanzen. Gurken brauchen eine Kletterhilfe oder reichlich Platz, um sich auszubreiten.

ANBAU

Im Frühjahr in Töpfe säen und drinnen bei 20 °C keimen lassen, die ideale Kulturtemperatur beträgt 28 °C. Abhärten und auspflanzen, wenn keine Frostgefahr mehr besteht. Vor der Pflanzung reichlich organische Substanz in den Boden einarbeiten. Während der Wachstumssaison sollte der Boden nie ganz austrocknen.

KULTURTIPP

Wenn die Pflanze die gewünschte Höhe erreicht hat, die Triebspitze ausknipsen. Dann bilden sich Seitentriebe und die Pflanze trägt mehr Früchte.

JUNGFRÄULICH

Manche Gurken sind parthenocarp. Das heißt, sie können ohne Bestäubung Früchte bilden. Diese Früchte haben keine Kerne.

INTERESSANTE SORTEN

- 'Crystal Lemon' ist eine alte Freilandsorte von 1894 mit gelben Früchten.
- 'Telegraph Improved' ist eine verlässliche Gewächshaussorte mit langen grünen Früchten.

Gemüsegarten für Nützlinge

Ein Gemüsegarten versorgt nicht nur uns Menschen. Mit den richtigen Pflanzen kann er auch Insekten und anderen Tieren Nahrung bieten. Viele Nutzpflanzen locken mit ihren Blüten Bestäuber an. Hülsenfrüchte wie Erbsen und Bohnen können über einen längeren Zeitraum geerntet werden und liefern den Insekten über Monate Pollen – von den großen Bohnen im späten Frühjahr bis zu den Stangenbohnen im Frühherbst. Ringelblumen *(Calendula officinalis)* sind gute Begleiter, denn ihre Blüten locken Marienkäfer, Schwebfliegen und Florfliegen an, die bei der Blattlausbekämpfung helfen. Die Blütenblätter von Ringelblumen sind außerdem eine hübsche Salatbeigabe.

Wenn Sie im Gemüsegarten auf Chemie verzichten, profitiert die Natur, denn langfristig hat es negative Folgen, wenn chemische Stoffe in die Nahrungskette gelangen. Wenn Sie Schnecken beispielsweise mit Schneckenkorn bekämpfen, könnten Vögel oder Igel das vergiftete Tier als Beute betrachten und fressen. Sammeln Sie Schnecken lieber von Hand ab, stellen Sie Fallen auf oder laden Sie natürliche Feinde der Schnecken in den Garten ein.

Eine Hecke am Grundstücksrand, etwa aus Brombeeren, Schlehen oder Hundsrosen, liefert Ihnen wertvolle Früchte – gleichzeitig finden viele Tiere Unterschlupf, Nahrung und Nistplätze.

Denken Sie auch an die Lebewesen im Boden, die man nicht sieht. Wenn Sie auf das Umgraben verzichten, bleibt das Bodengefüge intakt und Mikroorganismen können sich vermehren. Würmer mögen nicht gestört werden. Wer ohne Spaten gärtnert, tut viel dafür, dass diese nützlichen Bodenbewohner sich vermehren.

Letztlich wird es im Nutzgarten auch immer Tiere geben, die den Pflanzen schaden. Nachhaltiges Gärtnern bedeutet aber, ein möglichst gesundes Ökosystem zu entwickeln und auf natürliche Methoden der Schädlingsbekämpfung zu setzen.

A Blumen wie Kapuzinerkresse *(Tropaeolum majus)* versorgen Insekten mit Nektar. Je größer die Vielfalt der Blütenformen, desto mehr Nützlinge werden angelockt.

B Spargel und andere Gartenpflanzen tragen im Herbst Früchte. Lassen Sie einige Blütenstände stehen, dann finden Vögel etwas zu fressen.

C Setzen Sie Beinwelljauche als Dünger an und verwenden Sie natürliche Methoden der Schädlingsbekämpfung. Verzichten Sie möglichst ganz auf Chemikalien.

D Verwenden Sie kein Schneckenkorn, weil es auch für Vögel schädlich ist. Besser sind Schneckenzäume oder Bierfallen.

E Tiere brauchen Wasser zum Trinken, Vögel nehmen auch gern ein Bad. Wer keinen Teich hat, kann eine flache Schale aufstellen. Auch nützliche Insekten werden davon profitieren.

A

B

C

D

E

Zucchini

Cucurbita pepo

Zucchini sind so unkompliziert und ertragreich, dass man sie in den meisten Gemüsegärten findet. Zucchini bilden meist längliche grüne Früchte, es gibt aber auch rundliche und gelbe Züchtungen. Alle schmecken am besten, wenn sie unter 15 cm groß sind. Auch die Blüten sind köstlich.

Familie: Cucurbitaceae

Höhe: 60 cm

Abstand: 1 m zwischen Pflanzen, 1 m zwischen Reihen

Winterhärte: frostempfindlich

Standort: volle Sonne

Essbare Teile: Früchte, Blüten

Ernte: Sommer – Herbst

STANDORT

Zucchini benötigen einen sonnigen Platz und nährstoffreichen Boden mit gutem Wasserhaltevermögen. Als Unterpflanzung von Stangenbohnen beschatten sie mit ihren großen Blättern den Boden und unterdrücken Unkraut.

ANBAU

Im mittleren bis späten Frühjahr im Haus in Töpfe (9 cm) säen. Die ideale Keimtemperatur liegt bei 20 °C. Später abhärten und erst auspflanzen, wenn keine Frostgefahr mehr besteht. Alternativ ab Frühsommer direkt ins Beet säen. Der Boden sollte während der Wachstumssaison nicht austrocknen.

KULTURTIPP

Im Frühjahr ausgesäte Pflanzen stellen ab Hochsommer die Fruchtbildung ein. Wer im Frühsommer nochmals sät, kann bis in den Herbst hinein ernten.

INTERESSANTE SORTEN

- 'Defender' ist eine verlässliche Sorte mit dunkelgrünen Früchten.
- 'Orelia' trägt gelbe Früchte.
- 'Tondo di Piacenza' ist eine runde Sorte.
- 'Early White Bush Scallop' bildet weiß Früchte mit gewelltem Rand.

VERWANDTSCHAFT

Zucchini sind eine Kulturform des Gartenkürbis. Die nahe Verwandtschaft erkennt man an der Wuchsform, den Blättern und Blüten beider Pflanzen. Es gibt weiße, gelbe, creme-grüne, dunkelgrüne und gestreifte Zucchini-Sorten, viele bilden längliche, andere runde Früchte.

Gartenkürbis

Cucurbita pepo

Gartenkürbisse gibt es in unzähligen Größen, Farben und Formen. Die reifen Früchte sind ein Zeichen dafür, dass der Herbst Einzug hält. Aufgrund ihrer ausgezeichneten Lagerfähigkeit bereichern sie den Speisezettel bis in den späten Winter hinein (siehe Seite 124).

Familie: Cucurbitaceae

Höhe: 3 m

Abstand: 1 m zwischen Pflanzen, 1,5 m zwischen Reihen

Winterhärte: frostempfindlich

Standort: volle Sonne

Essbare Teile: Früchte, Blüten

Ernte: Herbst

STANDORT

Der Gartenkürbis braucht einen offenen, sonnigen Standort mit möglichst fruchtbarem Boden. Alle Sorten benötigen viel Platz, um sich auszubreiten, oder eine stabile Kletterhilfe (siehe Seite 128). Auf engerem Raum kann man sie spiralförmig an Obelisken ziehen. Kneifen Sie die Triebspitze aus, sobald sich die gewünschte Anzahl von Früchten gebildet hat.

ANBAU

Im zeitigen Frühjahr in Töpfe (9 cm) säen. Um zu keimen, braucht der Kürbis mindestens 13 °C. Nicht zu früh säen, sonst werden die Pflanzen zu groß, bevor die Nachtfröste vorüber sind und sie abgehärtet und ausgepflanzt werden können. Organische Substanz ins Pflanzloch geben, um das Wasserhaltevermögen zu verbessern. Auf sehr durchlässigem Boden die Pflanzen mulchen und ringsherum einen Wall aufhäufen, damit das Gießwasser nicht abfließt, sondern an die Wurzeln gelangt.

KULTURTIPP

Unter reifende Früchte Schieferplatten oder Fliesen legen, damit sie auf dem feuchten Boden nicht faulen. Die Früchte von Zeit zu Zeit vorsichtig drehen, dann färben sie sich gleichmäßig.

MOSCHUSKÜRBIS

Der Moschuskürbis (*C. moschata*) ist eine Kürbisart, die vor allem in feuchten, sehr warmen Regionen Nord- und Mittelamerikas angebaut wird. Die Sorte 'Butternut' ist als Butternusskürbis im Handel. Sie bildet längliche, hellgelbe Früchte.

INTERESSANTE SORTEN

- 'Spaghetti' hat nach dem Garen langfaseriges Fleisch, das an Spaghetti erinnert.
- 'Delicata' bildet eher längliche, grünweiß gemusterte Früchte mit süßlichem Geschmack.
- 'Jack be Little' («Mandarinenkürbis») trägt viele faustgroße Früchte.

Riesenkürbis

Cucurbita maxima

Diese Art war bei uns lange Zeit der Inbegriff des *Kürbis.* Mit seiner orangefarbenen Schale und den oft gewaltigen Ausmaßen bietet er einen echten Blickfang im herbstlichen Nutzgarten.

Familie: Cucurbitaceae

Höhe: 3 m

Abstand: 1 m zwischen Pflanzen, 1,5 m zwischen Reihen

Winterhärte: frostempfindlich

Standort: volle Sonne

Essbare Teile: Früchte, Blüten

Ernte: Herbst

STANDORT

Der Riesenkürbis benötigt einen offenen, sonnigen Standort mit fruchtbarem Boden. Er braucht viel Platz. Sorten mit sehr großen Früchten sollten zur Ernte gut zugänglich sein.

ANBAU

Im späten Frühjahr in 9-cm-Töpfe säen. Die Keimung erfolgt bei 13–21 °C. Nicht zu früh säen, sonst werden die Sämlinge vor dem Auspflanzen zu groß. Ausgepflanzt wird nach den letzten Frösten. Arbeiten Sie reichlich organische Substanz in den Boden ein. Nach dem Pflanzen gut andrücken, angießen und mulchen. Während der Blütezeit wöchentlich mit Flüssigdünger versorgen, um den Fruchtansatz zu fördern. Wer Wert auf große Kürbisse legt, muss die Früchte ausdünnen.

KULTURTIPP

Lassen Sie die Kürbisse nach der Ernte bei sonnigem Wetter auf dem Beet oder an einem anderen hellen, trockenen, geschützten Platz liegen. Dadurch wird die Schale härter und die Kürbisse lassen sich länger lagern.

JACK O'LANTERN

Der Name dieser Sorte spielt auf ein englisches Märchen an. Ein geiziger Hufschmied ging einst einen Pakt mit dem Teufel ein. Nach seinem Tod durfte er weder in den Himmel noch in die Hölle. Seither irrt er am Vorabend vor Allerheiligen durch die Nacht – mit einer Laterne geschnitzt aus einem Kürbis.

INTERESSANTE SORTEN

- 'Atlantic Giant' kann zwischen 30 und 100 kg schwer werden – für Ehrgeizige!
- 'Red Hokkaido' ist eine kleine Sorte, bei der die Schale mitgegessen werden kann.

Artischocke

Cynara cardunculus subsp. *scolymus*

Dieses mehrjährige Gemüse trägt sehr dekoratives, silbrig schimmerndes Laub. Was man isst, sind die Blütenstände, das Artischockenherz ist der Blütenboden. Die Pflanze macht auch im Ziergarten eine gute Figur (siehe Seite 54).

Familie: Asteraceae

Höhe: 1 m

Abstand: 75 cm zwischen Pflanzen, 1 m zwischen Reihen

Winterhärte: winterhart, vor starkem Frost schützen

Standort: volle Sonne

Essbare Teile: Blütenstände

Ernte: Spätes Frühjahr

STANDORT

Artischocken brauchen durchlässigen Boden. Im Winter führt weniger die Kälte als vielmehr zu viel Nässe zu Schäden. Der Standort sollte windgeschützt und sonnig sein.

ANBAU

Im Spätwinter im Haus in Anzuchttöpfe säen. Die Keimtemperatur liegt bei 15 °C. Wenn die Sämlinge groß genug sind, in Töpfe pikieren, später abhärten und an ihren endgültigen Platz pflanzen. Einfacher ist es, Ableger einer etablierten Artischocke zu pflanzen. Im ersten Standjahr nicht ernten. Junge Pflanzen brauchen eventuell einen Winterschutz (siehe Seite 25). Im Spätfrühling oder Frühsommer die knospigen Blütenstände ernten.

KULTURTIPP

Artischocken sind zwar mehrjährig, aber kurzlebig. Nach dem dritten oder vierten Jahr lassen die Erträge nach. Darum empfiehlt es sich, jedes Jahr ein Drittel der Pflanzen durch junge zu ersetzen.

MARILYN

Der kalifornische Ort Castroville erhebt den Anspruch, der Nabel der Artischockenwelt zu sein. Jedes Jahr findet dort ein großes Artischockenfest statt. Die Artischockenkönigin des Jahres 1948 war Marilyn Monroe.

INTERESSANTE SORTEN

- 'Green Globe' ist eine verlässliche Sorte mit großen grünen Köpfen.
- 'Violet de Provence' bildet Blütenstände mit violetten Hüllblättern.

CYNAR

Der Likör Cynar verdankt sein bitteres Aroma hauptsächlich der Artischocke. Manchmal wird er statt Campari für den Cocktail Negroni verwendet.

Möhre

Daucus carota subsp. *sativus*

Möhren gibt es nicht nur in Orange, sondern auch in Gelb, Violett und Weiß. Sie sehen auf dem Teller appetitlich aus und sind vor allem im Winter ein wertvolles Gemüse (siehe Seite 124). Einige Sorten kann man schon früh im Jahr säen, wenn es noch kühl ist. Sie bilden meist kurze, gedrungene Wurzeln.

Familie: Apiaceae

Höhe: 40 cm

Abstand: 10 cm zw. Pflanzen, 30 cm zw. Reihen

Winterhärte: verträgt leichten Frost

Standort: volle Sonne, durchlässiger Boden

Essbare Teile: Wurzeln

Ernte: Spätes Frühjahr bis Herbst

STANDORT

An einem sonnigen Standort gedeihen Möhren am besten in sandigem Boden. Organische Substanz muss nicht eingearbeitet werden, weil die Pflanzen keinen hohen Nährstoffbedarf haben. Darum eignen sie sich gut als Folgefrucht für Gemüsearten, die dem Boden viele Nährstoffe entziehen.

ANBAU

Möhren werden vom späten Frühjahr bis zum Spätsommer immer direkt ins Beet gesät, weil durch das Umpflanzen das Wurzelwachstum gestört würde. Die Samen relativ dicht in eine 2 cm tiefe Rille geben und später auf Abstände von 10 cm ausdünnen. Entfernen Sie Unkraut regelmäßig, denn die Pflanzen vertragen keine Konkurrenz. Möhren, die Sie nach der Ernte nicht frisch verzehren, können Sie in einer Erdmiete lagern (siehe Seite 80).

KULTURTIPP

Ein lästiger Schädling ist die Möhrenfliege (siehe Seite 134). Ihre Larven fressen Gänge in die Wurzeln, woraufhin sie leicht faulen. Die erwachsenen Tiere werden von dem Geruch der Möhren angelockt und legen ihre Eier auf die Pflanzen. Da sie niedrig fliegen, kann ein 60 cm hohes Netz als wirkungsvolle Barriere dienen.

ALLE REGENBOGENFARBEN

Ursprünglich waren Möhren nicht orange, sondern gelb, violett, rot oder weiß. Orangefarbige Sorten gibt es erst seit dem 16. Jahrhundert. Angeblich wurden rote und gelbe Möhren gekreuzt, um Wilhelm von Oranien mit der neuen Sorte zu ehren.

TYPENVIELFALT

AMSTERDAM – relativ schlanke frühe Möhren. Sie gedeihen in schwerem Boden und können vorgetrieben werden, um die Ernte vorzuziehen.

BERLICUM – gut für den Winteranbau. Lange, zylindrische Wurzeln.

CHANTENAY – für Sommer- und Herbsternte. Kurz und dick mit konischer Form. Sie gedeihen in schweren Böden und vertragen einige Minusgrade.

IMPERATOR – für durchlässigen, leichten Boden. Gut lagerfähig. Frostverträglicher als andere Sorten. Lange, spitz zulaufende Wurzeln.

NANTES – für die Früh- und Sommerernte. Lang mit stumpfem Ende. Süß, aber nicht gut lagerfähig.

PARISER MARKT – alte Karottensorten aus Frankreich mit kleinen, rundlichen Wurzeln. Sie tolerieren auch schwere Böden.

INTERESSANTE SORTEN

Typ Amsterdam – 'Amsterdam Forcing' bildet süßliche, orangefarbene Wurzeln.

Typ Berlicum – 'Bangor' ist eine ertragreiche orangefarbene Sorte.

Typ Chantenay – 'Chantenay Red Core' hat eine intensive orangerote Farbe und ist sehr süß.

Typ Imperator – 'Herbstkönig' ist eine ertragreiche Sorte mit großen Wurzeln.

Typ Nantes – 'Early Nantes' ist eine verlässliche, früh reifende Sorte.

Typ Pariser Markt – 'Atlas' bildet kleine, runde Karotten mit süßem Geschmack.

Erdmiete für Wurzelgemüse

Wer wenig Platz im Haus hat, kann Wurzelgemüse in einer Erdmiete im Gemüsegarten lagern. Solche Mieten waren früher eine gängige Methode, Gemüse über den Winter zu bringen. Sie eignen sich für viele Arten von Wurzelgemüse, beispielsweise Möhren, Kartoffeln, Rote Bete, Rüben und Steckrüben.

Legen Sie die Erdmiete im Frühherbst an, wenn es noch warm ist. Wählen Sie dafür den trockensten und am besten geschützten Bereich des Nutzgartens. Auf beiden Seiten der Miete heben Sie Gräben aus, durch die Wasser abfließen kann. Falls nötig, können Sie zur Verbesserung der Dränage zuerst eine Schicht Sand ausbreiten. Häufen Sie dann Stroh und Gartenerde zu einem Wall auf. Darin lagert das Gemüse geschützt vor Wind und Wetter und vor Bodenfrost.

Lagern Sie nur makelloses Gemüse ein. Schon kleinste Beschädigungen können zu Fäulnis führen, die sich schnell in der ganzen Miete ausbreiten kann. Entfernen Sie alle Stiele und Blätter, denn auch sie würden in der Miete faulen.

Entnommen wird das Gemüse von beiden Seiten. Lagern Sie die Arten und Sorten gemischt ein oder legen Sie für jedes Gemüse eine eigene Miete an. Der Vorrat hält sich normalerweise den ganzen Winter lang. Nur bei anhaltend sehr kaltem oder feuchtem Wetter sollten Sie den Inhalt gelegentlich kontrollieren.

Im Frühjahr bauen Sie die Miete ab. Das Stroh können Sie kompostieren oder während der Fruchtbildung auf dem Erdbeerbeet ausbringen.

1. Zwei parallele Gräben von 30 cm Tiefe im Abstand von 1,5 m ausheben. Den Aushub dazwischen aufhäufen.
2. Auf den Erdwall so viel Stroh legen, dass keine Erde mehr zu sehen ist.
3. Eine Schicht Wurzelgemüse ausbreiten und trocknen lassen. Dann erst die nächste Schicht Gemüse hinzufügen, bis eine Pyramide entstanden ist (maximal 1 m hoch).
4. Auf das Gemüse eine dicke Schicht Stroh legen und diese mit Erde bedecken. In der Mitte eine Öffnung lassen und dick mit Stroh bedecken, damit Luft zirkulieren kann.
5. Das Gemüse nach Bedarf entnehmen. An einem Ende der Miete beginnen und jedes Mal sorgfältig wieder verschließen.

Rucola

Eruca vesicaria, auch Rauke, Senfrauke

Das Gemüse mit den gezahnten Blättern gehört zur großen Familie der Kohlgewächse. Mit seinem pikanten Aroma peppt es Salate auf.

Familie: Brassicaceae

Höhe: 20 cm

Abstand: 15 cm zwischen Pflanzen, 15 cm zwischen Reihen

Winterhärte: verträgt leichten Frost

Standort: Halbschatten

Essbare Teile: Blätter

Ernte: Herbst bis Frühwinter

STANDORT

Rucola bevorzugt Halbschatten und Boden mit gutem Wasserhaltevermögen. In voller Sonne schießt er schnell in Saat. Rucola kann auch auf der Fensterbank kultiviert werden (siehe Seite 104).

ANBAU

Rucola kann ganzjährig gesät werden, eignet sich aber vor allem für die Herbsternte, weil er dann nicht so schnell schießt. Aussaat im zeitigen Frühjahr oder Spätsommer in flache Rillen. Später die Pflanzen auf Abstände von 15 cm ausdünnen. Bei Hitze bildet Rucola sehr schnell Samen, darum lohnt sich die Aussaat nur in den kühleren Monaten. Regelmäßig gießen. Nach Bedarf ernten – Rucola bildet immer wieder neue Blätter. Die Pflanzen ausreißen, wenn die Samenbildung einsetzt.

KULTURTIPP

Mit einem Kälteschutz kann Rucola bis in den Winter hinein geerntet werden (siehe Seite 25).

INTERESSANTE SORTEN

- 'Astra' ist eine verlässliche Sorte mit dem typischen Aroma.
- 'Fireworks' hat rot geäderte Blätter.
- 'Wasabi' erinnert im Geschmack an Meerrettich.

MEHR AUSWAHL

Zwei verwandte Arten werden wie Rucola verwendet: Die Wilde Rauke *(Diplotaxis tenuifolia)* mit intensiverem Geschmack und die Türkische Rauke *(Bunias orientalis)*.

Gemüsefenchel

Foeniculum vulgare var. *azoricum*

Beim Gemüsefenchel bilden die Blattscheiden eine Knolle mit fiedrigem Laub. Fenchel kann roh oder gegart serviert werden. Der milde Anisgeschmack passt hervorragend zu sommerlichen Gerichten.

Familie: Apiaceae

Höhe: 50 cm

Abstand: 30 cm zwischen Pflanzen, 30 cm zwischen Reihen

Winterhärte: frostempfindlich

Standort: volle Sonne

Essbare Teile: Knolle

Ernte: Spätsommer bis Herbst

STANDORT

Fenchel braucht volle Sonne und durchlässigen Boden. Weil Gemüsefenchel im Hochsommer gesät wird, eignet er sich gut für Flächen von frühem Gemüse wie Rote Bete oder Frühlingskohl, die schon abgeerntet sind.

ANBAU

Im Hochsommer direkt ins Beet säen. Bei Aussaat in Schalen pflanzen Sie um, wenn die Sämlinge etwa drei echte Blätter haben. Gut angießen und großzügig Mulch verteilen, der aber nicht die Sprosse der Pflanzen berühren sollte. Nach etwa sechs Wochen beginnen die Knollen anzuschwellen und können geerntet werden.

FENCHELFEUER

Der griechische Gott Prometheus soll den Menschen das Feuer geschenkt haben. Er stahl den Göttern ein brennendes Scheit und versteckte es in einem Fenchelspross.

KULTURTIPP

Fenchel bildet Blüten, wenn die Tage länger als 13,5 Stunden sind. Säen Sie ihn schon im Frühjahr, schießt er meist in Saat, bevor sich Knollen bilden. Warten Sie mit der Aussaat daher den Sommer ab.

INTERESSANTE SORTEN

- 'Romanesco' bildet große weiße Knollen.
- 'Zefa Fino' ist relativ schussresistent und eignet sich für die Frühjahrsaussaat.

Sojabohne

Glycine max, auch Edamame

Die unreifen grünen Hülsen der Sojabohne, Edamame genannt, sind eine japanische Köstlichkeit. Bei uns besser bekannt sind die reifen Bohnen. Man erntet sie, wenn die Blätter beginnen, gelb zu werden.

Familie: Fabaceae

Höhe: 60 cm

Abstand: 15 cm zw. Pflanzen, 45 cm zw. Reihen

Winterhärte: frostempfindlich

Standort: volle Sonne

Essbare Teile: Samenstände, Samen

Ernte: Spätsommer bis Herbst

STANDORT

Sojabohnen brauchen wegen der langen Wachstumszeit einen sonnigen und gut gegen Wind geschützten Platz. Auf durchlässigem Boden mit viel organischer Substanz fallen die Erträge am besten aus.

ANBAU

Im späten Frühjahr oder Frühsommer die Samen zunächst zwölf Stunden einweichen, damit sie leichter keimen. Dann einzeln in Aussaattöpfe säen und in einen Anzuchtkasten oder ins Gewächshaus stellen. Bei mindestens 14 °C dauert die Keimung etwa zwei Wochen. Erst auspflanzen, wenn die Wurzeln den Topf ausfüllen.

KULTURTIPP

Sojabohnen sind dankbar für Stützen, vor allem, wenn sie vor der Ernte ganz ausreifen sollen (siehe Seite 128).

INTERESSANTE SORTEN

- 'Green Shell' hat lange, grüne Hülsen mit je etwa drei Samen.
- 'Fiskeby V' ist eine gute Sorte für kühleres Klima.

SOJA FÜR AUTOS

Der Automobilhersteller Henry Ford experimentierte mit Sojabohnen als Werkstoff. Er versuchte, Sojafasern in das Karosseriematerial zu integrieren, um leichtere Fahrzeuge zu produzieren. Sojaöl testete er als Inhaltsstoff für Autolacke.

Topinambur

Helianthus tuberosus

Der mehrjährige Topinambur ist mit der Sonnenblume verwandt. Er bildet essbare Knollen mit nussigem Geschmack.

Familie: Asteraceae

Höhe: 2,5 m

Abstand: 30 cm zwischen Pflanzen, 30 cm zwischen Reihen

Winterhärte: winterhart

Standort: volle Sonne

Essbare Teile: Knollen

Ernte: Herbst bis Winter

STANDORT

Topinambur bevorzugt durchlässigen Boden in voller Sonne, gedeiht aber auch im Halbschatten und kann sogar in großen Kübeln kultiviert werden. Achten Sie darauf, dass diese hohen Pflanzen nicht zu viel Schatten auf ihre Nachbarn werfen.

ANBAU

Im zeitigen Frühjahr die Knollen 15 cm tief pflanzen und mit Mulch bedecken. Die Stiele zurückschneiden, wenn sich die Blätter gelb färben. Geerntet wird nach Bedarf im Herbst und Winter, bis die Pflanzen im Frühjahr wieder austreiben.

KULTURTIPP

Auf windigen Grundstücken sollten Sie die Reihen anhäufeln, wenn die Stiele etwa 30 cm hoch sind, damit die Pflanzen standfester werden.

SONNENBLUME

Sonnenblume und Topinambur teilen sich den Gattungsnamen *Helianthos*. Er leitete sich ab von den griechischen Wörtern *helios* (Sonne) und *anthos* (Blüte).

INTERESSANTE SORTEN

- 'Fuseau' bildet Knollen mit glatter, heller Schale.
- 'Gföhler Rote' und 'Waldspindel' sind rotschalige Sorten.

Süßkartoffel

Ipomoea batatas

Oberirdisch ist die Süßkartoffel eine attraktive Kletterpflanze, unterirdisch bildet sie leckere Rhizomknollen.

Familie: Convolvulaceae

Höhe: 20 cm

Abstand: 30 cm zwischen Pflanzen, 75 cm zwischen Reihen

Winterhärte: frostempfindlich

Standort: volle Sonne

Essbare Teile: Knollen

Ernte: Herbst

STANDORT

Süßkartoffeln benötigen fruchtbaren, durchlässigen Boden und gedeihen gut in Sandboden mit einem Zusatz von organischer Substanz. Weil sie viel Wärme benötigen, sollten sie den wärmsten Platz mit gutem Windschutz bekommen. Wichtig ist eine Kletterhilfe (siehe Seite 128) oder viel Platz zum Ausbreiten.

ANBAU

Im Spätwinter Süßkartoffeln aus Knollen ziehen (siehe Seite 88) oder Jungpflanzen kaufen. Triebe, die sich im Frühjahr an der Knolle bilden, abnehmen und in Wasser stellen, bis sich Wurzeln bilden. Dann in einen hohen Topf pflanzen und stets feucht halten. Abhärten und erst im Sommer auspflanzen, wenn sich der Boden erwärmt hat, dabei den Stiel tief ins Erdreich setzen. Den Sommer über regelmäßig wässern. Im Herbst können die Knollen ausgegraben werden.

KULTURTIPP

Nach der Ernte müssen Süßkartoffeln nachreifen, damit die enthaltene Stärke in Zuckerstoffe umgewandelt wird. Lagern Sie die Knollen eine Woche bei hoher Luftfeuchtigkeit.

YAMS

Süßkartoffeln und Oka (siehe Seite 96) werden gelegentlich als Yams bezeichnet. Genau genommen handelt es sich bei Yams aber um verschiedene Arten aus der Gattung *Dioscorea.*

INTERESSANTE SORTEN

- 'Beauregard' ist eine orangefarbene Sorte.
- 'Evangeline' ist rotschalig, auch als Zierpflanze geeignet.

Süßkartoffeln selbst vermehren

Süßkartoffeln *(Ipomoea batatas)* lassen sich leicht aus angeschnittenen Knollen vermehren. Jungpflanzen, die Sie beim Händler kaufen, werden auf dieselbe Weise erzeugt. Alternativ brechen Sie einen Trieb von der Knolle, er bildet innerhalb kurzer Zeit eigene Wurzeln. Finden sich früh im Jahr noch keine Triebe, regen Sie die Triebbildung an, indem Sie die Knollen in die Wärme holen. Ideal ist eine Wärmematte, die auf 21 °C eingestellt wird. Jede Knolle bildet durchschnittlich drei bis fünf Triebe. Da aber möglicherweise nicht alle Wurzeln entwickeln, ist es sinnvoll, mehrere Knollen anzutreiben. Das dauert etwa sechs Wochen. Die Bewurzelung der Triebe nimmt etwa einen Monat in Anspruch.

Es empfiehlt sich, einige Knollen von der Vorjahresernte aufzubewahren, dann können Sie früh im Jahr beginnen. Lagern Sie makellose, gesunde Knollen in einem dunklen, kühlen Raum und kontrollieren Sie immer wieder auf Schädlinge. Im Spätwinter die Knollen halb in feuchtes Substrat betten, bis sich Triebe bilden. Die Triebe von der Knolle abnehmen und in Wasser stellen, bis sie Wurzeln entwickelt haben.

Süßkartoffelpflanzen werden recht lang und gedeihen am besten in schlanken, hohen Töpfe, wie man sie auch für Kletterpflanzen verwendet. Die Jungpflanzen brauchen feuchtes, aber durchlässiges Substrat. In den Töpfen sollten sie mit kaliumreichem Dünger versorgt werden, um die Bildung weiterer Wurzeln anzuregen, bevor sie abgehärtet und ausgepflanzt werden.

1. Die Süßkartoffeln seitlich bis zur Hälfte in feuchtes Substrat betten. Die Töpfe auf eine Wärmematte stellen.
2. Nach etwa sechs Wochen haben die Triebe die gewünschte Höhe von 15 cm erreicht.
3. Die Triebe von der Knolle ablösen und die unteren Blätter entfernen.
4. Die Triebe in ein Glas mit Wasser stecken und auf eine Wärmematte stellen. Das Wasser alle zwei bis drei Tage wechseln.
5. Wenn die Wurzeln 5 cm lang sind, die Triebe in Erde pflanzen und langsam abhärten. Stets feucht halten.

1

2

3

4

5

Gartensalat

Lactuca sativa

Salat gibt es in vielen Formen und Farben. Alle Sorten sind einfach zu kultivieren und ausgesprochen dekorativ (siehe Seite 54). Sie gedeihen auf der Fensterbank (siehe Seite 104), in Töpfen und Kübeln oder im Beet.

Familie: Asteraceae

Höhe: 15 cm

Abstand: 25 cm zw. Pflanzen, 25 cm zw. Reihen

Winterhärte: frostempfindlich

Standort: volle Sonne; Halbschatten für die Sommerernte

Essbare Teile: Blätter

Ernte: Frühjahr bis Herbst

STANDORT

Im Sommer bevorzugt Salat einen halbschattigen Standort. Für die Ernte in der kühlen Jahreszeit ist ein Sonnenplatz günstiger. Der Boden sollte Feuchtigkeit gut speichern.

ANBAU

Je nach Sorte kann vom zeitigen Frühjahr bis zum Herbst gesät werden. In Schalen bei 15 °C vorziehen, dabei das Substrat feucht halten. Wenn die Sämlinge vier echte Blätter haben, werden sie abgehärtet und ausgepflanzt. Die Sämlinge nicht größer werden lassen, sonst schießen sie meist schnell in Saat. Die Pflänzchen etwas tiefer setzen, als sie im Topf gestanden haben, und gut angießen. Bis sie angewachsen sind, regelmäßig bewässern. Entweder die äußeren Blätter nach Bedarf ernten oder die Pflanze abschneiden, wenn sie einen Kopf gebildet hat. Mit einem Winterschutz (siehe Seite 25) können Sie Salat fast ganzjährig ernten.

KULTURTIPP

Wenn sich der Kopf bildet, die unteren Blätter entfernen, denn darunter verstecken sich häufig Schnecken.

SALATTYPEN

Grundsätzlich unterscheidet man zwischen Kopfsalaten und Sorten, die keine Köpfe bilden. Letztere werden meist als Schnitt- oder Pflücksalat kultiviert.

Kopfsalate

BATAVIASALAT hat dicke, knackige Blätter, die auch einzeln geerntet werden können.

KOPFSALAT bildet runde Köpfe mit leicht wachsartiger oder butteriger Konsistenz. Er überwintert gut.

RÖMERSALAT bildet hohe Köpfe mit dicken Blättern. Er verträgt Sommerhitze und kann auch als Schnittsalat geerntet werden.

EISBERGSALAT entwickelt sehr feste Köpfe und braucht viel mehr Wasser als andere Salatsorten.

Schnittsalate

STAMMSALAT, auch Spargelsalat, wird hauptsächlich wegen seiner dicken Stiele angebaut. Auch die Blätter sind essbar.

BLATTSALATE können mehrmals geerntet werden und bilden immer wieder neue Blätter.

SCHLAFMITTEL

Alle Lattiche (*Lactuca* sp.), zu denen auch der Gartensalat gehört, bilden einen weißlichen Milchsaft, Lactuarium genannt. Er soll eine schlaffördernde Wirkung besitzen. Wildformen und alte Sorten wirken vermutlich besser als moderne Züchtungen.

INTERESSANTE SORTEN

Bataviasalat

- 'Black Seeded Simpson' ist eine alte Sorte.
- 'Mottistone' hat rötliche Blätter.

Kopfsalat

- 'All Year Round' ist eine alte Sorte, überwintert gut und hat ein hellgrünes Herz.
- 'Marvel of Four Seasons' (syn. 'Fat Lazy Blonde') kann überwintert werden.

Römersalat

- 'Little Gem' reift früh und schnell.
- 'Winter Density' ist eine winterharte Sorte mit kleinen Köpfen.

Eisbergsalat

- 'Webbs Wonderful' ist eine alte Sorte mit köstlichen, gekräuselten grünen Blättern.

Schnittsalat

- 'Lollo Rosso' bildet dunkelrote Blätter.

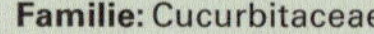

Cucamelone

Melothria scabra, auch Gurkenmelone, Mexikanische Minigurke

Diese Kletterpflanze trägt winzige Früchte, die wie Gurke mit einem Anklang von Limette schmecken. Ein interessanter Blickfang im Gemüsegarten!

Familie: Cucurbitaceae

Höhe: 2,5 m

Abstand: 30 cm zwischen Pflanzen, 1 m zwischen Reihen

Winterhärte: frostempfindlich

Standort: volle Sonne

Essbare Teile: Früchte

Ernte: Hochsommer bis Herbst

STANDORT

Im Gewächshaus oder an einem sonnigen, geschützten Platz kultivieren. In feuchtem, nährstoffreichem Boden fallen die Erträge beachtlich aus.

ANBAU

Im Frühjahr aussäen, die Mindestkeimtemperatur beträgt 21 °C. In Töpfe pikieren, später abhärten und erst nach den letzten Frösten ins Freie pflanzen. Cucamelonen brauchen eine Kletterhilfe (siehe Seite 128). Regelmäßig bewässern und während der Wachstumssaison mit einem flüssigen Tomatendünger versorgen. Wenn die Pflanze die gewünschte Höhe erreicht hat, die Triebspitze abknipsen.

KULTURTIPP

Cucamelonen sind mehrjährig, müssen aber frostfrei überwintert werden. Wenn das gelingt, setzt die Ernte im folgenden Jahr früher ein.

FRÜH ERNTEN

Die jüngeren Früchte schmecken besser und enthalten weniger Kerne als die reifen, gelblichen Früchte. Im Salat oder direkt von der Pflanze sind sie unwiderstehlich.

Brunnenkresse

Nasturtium officinale

Brunnenkresse wächst in der Natur an Ufern von Gewässern. Ihr pfeffriger Geschmack macht sich gut im Salat. Sie gedeiht am besten im Kübel an einem schattigen Platz, eignet sich also für Plätze, an denen andere Pflanzen schlecht wachsen.

Familie: Brassicaceae

Höhe: 30 cm

Abstand: 30 cm zwischen Pflanzen, 30 cm zwischen Reihen

Winterhärte: winterhart

Standort: Schatten

Essbare Teile: Ganze Pflanze

Ernte: Sommer bis Herbst

STANDORT

Brunnenkresse wächst gut in einem Kübel, der in einem mit Wasser gefüllten Untersatz steht. Auch in einem Behälter mit Wasser und Flüssigdünger gedeiht sie. Im Freien braucht sie einen Schattenplatz und ständig feuchten, besser nassen Boden.

ANBAU

Aussäen oder Stecklinge von vorhandenen Pflanzen bewurzeln (siehe Seite 94). Die Samen im zeitigen Frühjahr in eine Schale mit Substrat streuen, aber nicht mit Erde bedecken. Das Substrat gießen, bis es durchnässt ist. Die Samen keimen bei etwa 15 °C innerhalb von zwei Wochen. Wenn die Pflanzen groß genug sind, werden sie abgehärtet und an ihren endgültigen Platz gepflanzt.

KULTURTIPP

Bei der Kultur ohne Substrat muss das Wasser vor allem im Sommer regelmäßig gewechselt werden, damit sich keine Bakterien oder Algen ansiedeln.

HEILKRAUT

Der griechische Arzt Hippokrates betrachtete Brunnenkresse als bedeutendes Heilmittel. Auch in der Volksheilkunde gilt Brunnenkresse als Heilpflanze, zum Beispiel als Mittel gegen Haarausfall, zur geistigen Anregung und als Aphrodisiakum.

Brunnenkresse bewurzeln

Brunnenkresse ist wegen ihres pfeffrigen Geschmacks eine ausgezeichnete Salatzutat. In der Natur wächst sie auf kalkhaltigen Böden an Bachufern. Für den eigenen Anbau kann man sie aus Samen ziehen (siehe Seite 93) oder Stecklinge von vorhandenen Pflanzen in Wasser bewurzeln. Das gelingt sogar mit Brunnenkresse vom Wochenmarkt. Kaufen Sie Bioqualität, um sicher zu sein, dass sie keine Chemikalien enthält. Um sechs bewurzelte Jungpflanzen zu erhalten, wählen Sie zwölf längere Triebe aus (falls einige keine Wurzeln bilden). Wenn sich doch alle bewurzeln, können Sie von den überschüssigen einfach die Blätter essen.

Am besten bewurzeln sich die Stecklinge im warmen Zimmer auf der Fensterbank. Stellen Sie sie in ein sauberes, klares Glas, damit Sie die Wurzelbildung gut beobachten können. Verwenden Sie ruhig Leitungswasser, denn die Pflanzen sind an kalkhaltigen (basischen) Boden angepasst. Regenwasser hingegen ist meist leicht sauer. Regelmäßig Wasser nachfüllen, damit die kleinen Wurzeln nicht austrocknen.

Wenn die Stecklinge gut bewurzelt sind, können sie in sehr nasses, nährstoffreiches Substrat oder einfach in ein Gefäß mit Wasser umziehen. Sobald die Samenbildung einsetzt, wird der Geschmack sehr scharf. Dann sollten Sie neue Stecklinge bewurzeln.

1. Wählen Sie möglichst lange Triebe, im Idealfall sind daran schon kleine Wurzeln zu erkennen.
2. Die unteren Blätter abstreifen, sie faulen sonst im Wasser. Die oberen Blätter sind für die Fotosynthese notwendig.
3. Stecklinge in ein kleines klares Glas mit Wasser stellen. Die Blätter bleiben oberhalb des Wassers.
4. Das Wasser alle zwei bis drei Tage wechseln, damit sich keine Algen bilden. Nach etwa einer Woche sollten die Stecklinge Wurzeln haben.
5. Wenn die Wurzeln 2–3 cm lang sind, können die Stecklinge an ihren endgültigen Platz im Haus oder Garten umziehen.

1

2

3

4

5

Oka

Oxalis tuberosa, auch Knolliger Sauerklee

Oka gehört zur Gattung Sauerklee und bildet wie die heimischen Arten dreigeteilte Blätter. Die gelben Knollen überzeugen mit einem frischen, zitronigen Geschmack.

Familie: Oxalidaceae

Höhe: 30 cm

Abstand: 90 cm zwischen Pflanzen, 90 cm zwischen Reihen

Winterhärte: frostempfindlich

Standort: volle Sonne

Essbare Teile: Knollen, Blätter

Ernte: Herbst

STANDORT

Oka benötigt durchlässigen Boden in voller Sonne. Er gedeiht auch in einem Kübel im Gewächshaus oder in kühleren Gegenden in einem Folientunnel.

ANBAU

Wegen der langen Wachstumssaison die Knollen im Frühjahr im Gewächshaus in kleine Töpfe pflanzen. Wenn sich der Boden erwärmt hat und keine Frostgefahr mehr besteht, die Pflanzen abhärten und an ihren endgültigen Standort setzen. Während des Sommers regelmäßig bewässern. Geerntet wird, wenn die Blätter abgestorben sind.

KULTURTIPP

Züchter bemühen sich, Sorten mit größeren Knollen zu entwickeln. Es lohnt sich, auf dem Laufenden zu bleiben!

KURZE TAGE

Oka ist eine Kurztagpflanze, daher bildet er erst Knollen, wenn die Tage kürzer werden als die Nächte. Auch Kartoffeln und andere Pflanzen hatten diese Eigenschaft, sie wurde aber durch züchterische Maßnahmen eliminiert.

Pastinake

Pastinaca sativa

Pastinaken sind ein schmackhaftes Wintergemüse (siehe Seite 124). Die Wurzeln können über Winter im Boden bleiben oder in Erdmieten gelagert werden.

Familie: Apiaceae

Höhe: 60 cm

Abstand: 20 cm zwischen Pflanzen, 30 cm zwischen Reihen

Winterhärte: winterhart

Standort: volle Sonne

Essbare Teile: Wurzeln

Ernte: Herbst bis zeitiges Frühjahr

STANDORT

Pastinaken bevorzugen leicht sandigen Boden in sonniger Lage. Der Boden sollte feinkrümelig sein. Größere Steine entfernen, sonst werden die Wurzeln beinig.

ANBAU

Im mittleren bis späten Frühjahr direkt ins Beet in eine 2 cm tiefe Rille säen. Während der Keimung feucht halten und auch während des Sommers regelmäßig gießen.

KULTURTIPP

Da Pastinaken langsam keimen und wachsen, empfehlen sich Radieschen als Markiersaat (siehe Seite 24). So ist die Reihe gut zu erkennen und man kann von derselben Fläche zwei Gemüsearten ernten.

INTERESSANTE SORTEN

- 'Gladiator' ist eine wüchsige Sorte mit langen Wurzeln.
- 'Tender and True' bildet zuverlässig Wurzeln mittlerer Länge.

FROST WILLKOMMEN

Frost bewirkt, dass die Stärke in den Pastinaken in Zuckerstoffe umgewandelt wird, sodass die Wurzeln süßlicher schmecken.

Wurzelpetersilie

Petroselinum crispum var. *tuberosum*

Diese Petersiliensorte bildet lange, kräftige Wurzeln, die ähnlich wie Pastinaken schmecken und in der winterlichen Küche Suppen und Gemüsegerichte bereichern.

Familie: Apiaceae

Höhe: 30 cm

Abstand: 25 cm zwischen Pflanzen, 25 cm zwischen Reihen

Winterhärte: winterhart

Standort: volle Sonne

Essbare Teile: Wurzel, Blätter

Ernte: Spätsommer bis Winter

STANDORT

Wurzelpetersilie bevorzugt durchlässigen Boden und eine 2,5 cm dicke organische Mulchschicht. Sie gedeiht am besten in voller Sonne, verträgt aber auch leichten Schatten.

ANBAU

Im zeitigen Frühjahr an Ort und Stelle 1 cm tief säen und sorgfältig gießen. Die Samen bis zur Keimung feucht halten. Auch während des Sommers regelmäßig bewässern. Geerntet wird vom Spätsommer bis in den Spätwinter nach Bedarf, die restlichen Pflanzen können im Boden bleiben.

KULTURTIPP

Wenn Sie die Wurzeln ernten, verwenden Sie unbedingt auch die Blätter.

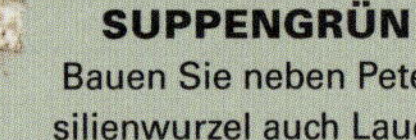

SUPPENGRÜN

Bauen Sie neben Petersilienwurzel auch Lauch, Möhren und Knollensellerie im Garten an. Dann haben Sie klassisches Suppengrün aus eigener Ernte.

Feuerbohne

Phaseolus coccineus

Feuerbohnen sind ein großartiges Spätsommergemüse. Sie können sie jung ernten und frisch genießen oder die Kerne für den Wintervorrat trocknen.

Familie: Fabaceae

Höhe: 2 m

Abstand: 30 cm zw. Pflanzen, 60 cm zw. Reihen

Winterhärte: frostempfindlich

Standort: volle Sonne

Essbare Teile: Schoten, Samen

Ernte: Spätsommer bis Herbst

STANDORT

Feuerbohnen mögen einen warmen, windgeschützten Platz mit nährstoffreichem Boden. Die Pflanzen werden bis 2 m hoch und benötigen stabile Stützen (siehe Seite 128).

ANBAU

Im späten Frühjahr in Töpfen vorziehen oder direkt ins Beet säen, wenn keine Frostgefahr mehr besteht und die Temperatur 20 °C erreicht. Vorgezogene Pflanzen abhärten, wenn sich das erste echte Blattpaar zeigt. Nach der Pflanzung an die Stützen anbinden. Regelmäßig bewässern und während der Saison mit Tomatendünger versorgen.

KULTURTIPP

Feuerbohnen sind dankbar für Schatten auf den Wurzeln. Das lässt sich leicht erreichen, indem man sie mit Blattgemüse wie Gartensalat (siehe Seite 90) oder Gurken (siehe Seite 71) unterpflanzt.

INTERESSANTE SORTEN

- 'Hestia' ist eine kleinwüchsige Sorte – ideal für Kübel.
- 'Weiße Riesen' trägt weiße Blüten und bildet dicke Bohnenkerne.

STICKSTOFF-BINDER

Wie die meisten Schmetterlingsblütler haben auch Feuerbohnen an ihren Wurzeln Knötchen, in denen Bakterien leben. Diese Bakterien verwandeln Stickstoff aus der Luft (den Pflanzen nicht nutzen können) in eine für Pflanzen verwertbare Form.

Buschbohne

Phaseolus vulgaris, auch Stangenbohne

Buschbohnen sind nicht immer grün, die Hülsen können auch Gelb oder Violett sein (siehe Seite 54). Der Anbau ist unkompliziert und für kleine Gärten oder Kübel gibt es inzwischen eine Vielzahl von kleinwüchsigen Sorten.

Familie: Fabaceae

Höhe: 2 m

Abstand: 30 cm zwischen Pflanzen, 50 cm zwischen Reihen

Winterhärte: frostempfindlich

Standort: volle Sonne

Essbare Teile: Schoten, Samen

Ernte: Sommer

STANDORT

Buschbohnen brauchen einen geschützten Platz, damit Bestäuber anfliegen können und die Blätter nicht durch Wind beschädigt werden. Wichtig sind außerdem möglichst viel Sonne, nährstoffreicher Boden und für kletternde Sorten geeignete Stützen (siehe Seite 128).

ANBAU

Gesät wird im Spätfrühjahr, wenn die Bodentemperatur konstant über 12 °C liegt. Nicht früher säen, sonst faulen die Samen im Boden. Alternativ bei mindestens 15 °C in Töpfen (9 cm) im Haus vorziehen. Regelmäßig gießen. Wenn sich die ersten echten Blätter gebildet haben, die Sämlinge abhärten. Auspflanzen, wenn keine Frostgefahr mehr besteht. Während der Saison regelmäßig gießen und alle zwei Wochen einen flüssigen Tomatendünger geben. Getrocknete Samen können für das folgende Jahr aufbewahrt werden (siehe Seite 118).

KULTURTIPP

Buschbohnen wachsen am besten, wenn der Wurzelbereich kühl und feucht ist. Das lässt sich leicht erreichen, indem man sie mit Gartensalat (siehe Seite 90) oder Gurken (siehe Seite 71) unterpflanzt, deren Blätter den Boden beschatten.

INSEKTENFALLE

An den dicht behaarten Blättern der Buschbohne bleiben häufig Insekten hängen. Auf dem Balkan streute man die Blätter früher rund ums Bett auf den Boden, um sie am Morgen zusammen mit den Parasiten hinauszufegen und zu verbrennen.

INTERESSANTE SORTEN

- 'Borlotto Lingua Di Fuoco' bildet rot gefleckte Hülsen. Man kann sie frisch essen oder für den Winter trocknen.
- 'Cobra' trägt über mehrere Wochen lange grüne Hülsen.
- 'Blauhilde' ist eine ertragreiche Sorte mit violetten Hülsen, die beim Kochen grün werden. Attraktive violette Blüte.

Tomatillo

Physalis philadelphica

Tomatillos reifen in dekorativen papierartigen Hüllen in Grün, Gelb oder Violett heran (siehe Seite 54). Die Pflanzen tragen viele Früchte, die wie Tomaten mit einem Hauch Limette schmecken. Die Früchte sind frisch als Snack, im Salat oder als Salsa ein Genuss. Überschüsse kann man einfrieren oder zu Chutney verarbeiten.

Familie: Solanaceae

Höhe: 1 m

Abstand: 45 cm zwischen Pflanzen, 1 m zwischen Reihen

Winterhärte: frostempfindlich

Standort: volle Sonne

Essbare Teile: Früchte

Ernte: Sommer bis Herbst

STANDORT

Tomatillos brauchen einen sonnigen, windgeschützten Standort mit durchlässigem Boden. Sie können die Pflanzen stützen (siehe Seite 128) oder frei wachsen lassen. Dann neigen sie sich um die Mitte des Wachstumszyklus zu Boden. Seitentriebe bewurzeln bei Bodenkontakt und tragen mehr Früchte.

ANBAU

Im Frühjahr in Schalen aussäen. Die Samen keimen bei etwa 18 °C. In Töpfe pikieren und im Haus lassen, bis keine Frostgefahr mehr besteht. Dann abhärten, an den endgültigen Standort pflanzen und gut angießen. Während der Blütezeit alle zwei Wochen mit flüssigem Tomatendünger versorgen. Tomatillos sind vollreif, wenn die papierartigen Hüllen aufplatzen.
Sie können aber bereits geerntet werden, wenn sie mitsamt der Hülle etwa walnussgroß sind.

KULTURTIPP

Pflanzen Sie mehrere Exemplare, denn Tomatillos brauchen einen Bestäubungspartner, um Früchte anzusetzen.

LEBENDES FOSSIL

Tomatillo ist einer der ältesten Vertreter der Familie der Nachtschattengewächse (Solanaceae). Das belegt ein Fossilienfund, der etwa 52 Millionen Jahre alt ist.

Erbse

Pisum sativum

Der Anbau von Erbsen lohnt sich unbedingt, denn frisch aus dem Garten schmecken sie unvergleichlich süß. Hinzu kommt, dass sie schon im Frühsommer reif werden, wenn der Garten noch nicht so viel frisches Gemüse zu bieten hat.

Familie: Fabaceae

Höhe: 80 cm

Abstand: 5 cm zwischen Pflanzen, 1 m zwischen Reihen

Winterhärte: winterhart

Standort: volle Sonne

Essbare Teile: Samen, Triebspitzen

Ernte: Spätes Frühjahr bis Frühsommer

STANDORT

Erbsen sind Starkzehrer, darum sollte der Boden mit organischer Substanz verbessert werden. Sie brauchen einen sonnigen Platz und Netze oder Stützen zum Klettern (siehe Seite 128).

ANBAU

für die Ernte im späten Frühjahr säen Sie im Frühherbst oder gegen Ende des Winters. Früh im Jahr ist es ratsam, die Samen in 9-cm-Töpfen vorzuziehen, abzuhärten und ins Beet zu pflanzen, wenn sich der Boden auf 5 °C erwärmt hat.

KULTURTIPP

Es gibt frühe Erbsen und Sorten für die Haupternte. Wer mehrere Sorten sät, kann von Spätfrühling bis Frühsommer fortlaufend ernten. Auch zwergwüchsige Formen werden angeboten.

GRÜNE GENE

Gregor Mendel verwendete Mitte des 19. Jahrhunderts verschiedenfarbige Erbsen, um die Gesetze der Vererbung nachzuweisen.

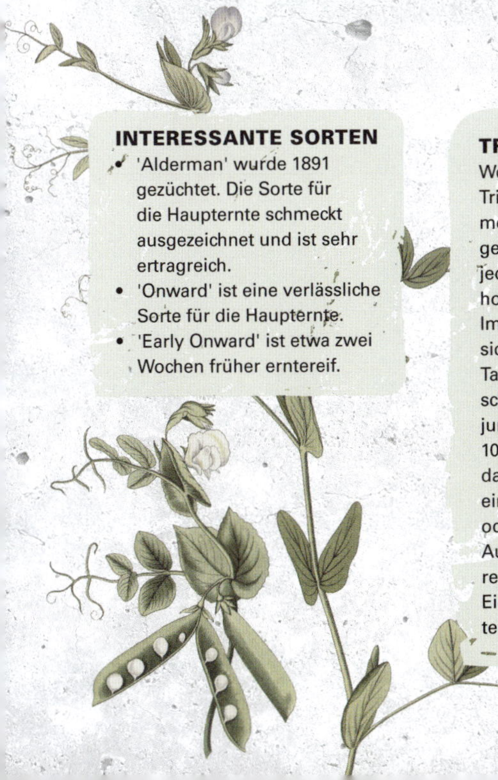

INTERESSANTE SORTEN

- 'Alderman' wurde 1891 gezüchtet. Die Sorte für die Haupternte schmeckt ausgezeichnet und ist sehr ertragreich.
- 'Onward' ist eine verlässliche Sorte für die Haupternte.
- 'Early Onward' ist etwa zwei Wochen früher erntereif.

TRIEBSPITZEN ERNTEN

Wenn Erbsen ihre endgültige Höhe erreicht haben, kann man die Triebspitzen abknipsen und essen. Wer auf den Geschmack gekommen ist, kann ein paar Pflanzen als Blattgemüse kultivieren – das geht auch auf der Fensterbank (siehe Seite 104). Dafür eignet sich jede Erbsensorte, denn die Pflanzen werden geerntet, bevor sie hoch werden und Blüten bilden.
Im Freiland säen Sie die Samen dicht in 5 cm tiefe Rillen, sobald sich der Boden auf 5 °C erwärmt hat. In Regionen, in denen viele Tauben leben, ist es ratsam, die jungen Pflanzen mit Netzen zu schützen. Wer möchte, kann mehrere Folgesaaten legen. Wenn die jungen Erbsenpflanzen etwa 15 cm hoch sind, werden die oberen 10 cm abgeschnitten. Schneiden Sie direkt über einem Knoten, dann treiben die Pflanzen erneut aus und können mindestens noch einmal geerntet werden. Wenn die Triebspitzen etwas härter werden oder Blüten bilden, eignen sie sich nicht mehr als Blattgemüse.
Auf der Fensterbank im Haus können Sie Erbsen ganzjährig kultivieren, um die Triebspitzen selbst im Winter für Salate zu verwenden. Ein Gefäß mit Substrat füllen und die Erbsen dicht an dicht mindestens 5 cm tief säen. Während des Wachstums feucht halten.

Salat auf der Fensterbank

Wer keinen Garten hat, kann auch im Haus Gemüse ziehen. Die meisten Arten brauchen nichts als Licht, Wärme, Wasser und Nährstoffe und viele können jung als «Babygemüse» geerntet werden. Gemüse von der Fensterbank liefert gerade im Winter eine willkommene Ernte. Besonders unkompliziert sind Schnittsalate und Keimlinge.

Keimlinge schmecken oft überraschend intensiv und sind eine Bereicherung für Salate. Bei vielen Arten dauert die Kultur nur eine Woche. Sobald sich die Blätter zeigen, können Sie die Pflänzchen schneiden. Da die Keimlinge nicht neu austreiben, müssen Sie danach allerdings neu säen. Dafür kann dasselbe Substrat verwendet werden. Senf, Rucola, Gartensalat, Spinat, Basilikum, Koriander und Grünkohl eignen sich für diese Art der Kultur gut.

Viele junge Gemüsearten liefern zarte, junge Blätter für den Salat. Da die Pflanzen in diesem Fall etwas älter sind, treiben sie wieder aus, sodass Sie von einer Aussaat mehrmals ernten können. Schneiden Sie die größten Blätter ab und lassen Sie die kleineren stehen. Wer gern Salat isst, sollte überlegen, Folgesaaten in mehreren Töpfen zu legen. Leckeres Blattgemüse liefern beispielsweise Gartensalat, Petersilie, Sauerampfer, Erbsen und Rote Bete. Es gibt sogar fertige Saatgutmischungen zu kaufen.

1. Den Topf mit Substrat füllen und kräftig auf die Arbeitsfläche stoßen, damit es sich setzt. Die Oberfläche glätten.
2. Die Samen dicht und gleichmäßig auf das Substrat streuen.
3. Dünn mit Substrat bedecken und gießen. Den Topf mit einem Untersetzer für austretendes Wasser an einen warmen, hellen Platz stellen, beispielsweise eine Fensterbank.
4. Die Blätter kurz über ihrem Ansatz abschneiden, wenn sie etwa 10–15 cm lang sind.
5. Nach der Ernte Flüssigdünger geben und die restlichen Blätter weiter wachsen lassen. Eine Aussaat liefert etwa drei Ernten.

1

2

3

4

5

Zuckererbse

Pisum sativum, auch Kaiserschote

Zuckererbsen sind eine Zuchtform der Erbse. Man erntet die Hülsen, bevor die Samen ausgereift sind. Dann schmecken sie besonders süß und knackig. Sie sind roh im Salat oder gegart ein Genuss.

Familie: Fabaceae

Höhe: Bis 2,5 m

Abstand: 5 cm zwischen Pflanzen, 1,5 m zwischen Reihen

Winterhärte: winterhart

Standort: volle Sonne

Essbare Teile: Samenstände, Samen

Ernte: Sommer

STANDORT

Zuckerschoten brauchen einen sonnigen, windgeschützten Platz. Sandigen Boden mit organischer Substanz anreichern, um das Wasserhaltevermögen zu verbessern. Hohe Sorten benötigen eine Stütze (siehe Seite 128).

ANBAU

Im Spätwinter Samen in 9-cm-Töpfe legen und ins Gewächshaus stellen oder vom Frühjahr bis zum Hochsommer direkt ins Beet säen. Erbsen sind Kletterpflanzen, darum brauchen sie Netze oder Stützen, an denen sie sich mit ihren Ranken festhalten können. Während der Wachstumszeit regelmäßig gießen.

KULTURTIPP

Häufiges Pflücken regt die Entwicklung neuer Blüten an. So können Sie die Ernte über mehrere Wochen ausdehnen.

INTERESSANTE SORTEN

- 'Shiraz' trägt Hülsen in dunklem Violett.
- 'Spring Blush' hat zweifarbige Blüten und violett marmorierte Hülsen.
- 'Ambrosia' ist eine frühreifende, ertragreiche Sorte.

ISS ALLES!

Zuckerschoten heißen auf Französisch Mange-tout – wörtlich übersetzt «iss alles». Von diesen Sorten kann man die Hülsen mitessen, weil sie im Gegensatz zu anderen Erbsen keine harte Ligninschicht enthalten.

Radieschen, Rettich

Raphanus sativus

Radieschen und Rettich sind Züchtungen derselben Art und ein unkompliziertes Gemüse. Radieschen, auch Sommerrettich genannt, eignen sich ausgezeichnet als Markiersaat (siehe Seite 24). Neben den Wurzeln sind auch die Blätter essbar. Beim eigentlichen Rettich handelt es sich um Wintersorten.

Familie: Brassicaceae

Höhe: 20 cm

Abstand: 5 cm zwischen Pflanzen, 30 cm zwischen Reihen

Winterhärte: winterhart

Standort: volle Sonne

Essbare Teile: Wurzel, Blätter

Ernte: Frühjahr bis Frühwinter

STANDORT

Ideal ist nährstoffreicher Boden mit gutem Wasserhaltevermögen in voller Sonne, die Pflanzen tolerieren aber auch Halbschatten.

ANBAU

Direkt ins Beet in 1 cm tiefe Rillen säen und während des Wachstums regelmäßig gießen. Je älter Radieschen und Rettiche werden, desto schärfer schmecken sie. Um fortlaufend zu genießen, empfiehlt es sich, Folgesaaten zu legen.

KULTURTIPP

Es gibt sowohl Radieschen als auch Rettiche in unzähligen Sorten. Die Kunst besteht darin, die richtigen Sorten zur rechten Zeit zu säen. Sommersorten können Sie nach etwa sechs Wochen ernten, Wintersorten nach etwa neun Wochen.

GUTE GESELLSCHAFT

Radieschen vertreiben mit ihrem intensiven Geruch Blattläuse und andere Schädlinge (siehe Seite 132–134). Sie können als Opferpflanzen dienen, wenn andere Kohlgewächse von Erdflöhen befallen sind, die im Boden leben. Unterpflanzen Sie größere Kohlsorten mit Radieschen, dann fressen die Erdflöhe zuerst die Radieschen. Die Wurzeln werden nicht beschädigt und sind daher trotzdem essbar.

INTERESSANTE SORTEN

- 'Black Spanish Round' ist eine alte Wintersorte mit dunkler Schale.
- 'Cherry Belle' ist eine schnell wachsende runde Sorte.
- 'French Breakfast' ist eine alte Sommersorte mit langen, rot-weißen Wurzeln.

Rettichschoten

Raphanus sativus

Alle Rettiche (und daher auch Radieschen) bilden essbare Samenstände und einige werden gezielt wegen dieses Merkmals gezüchtet. Die pikanten Schoten schmecken roh oder kurz gegart.

Familie: Brassicaceae

Höhe: 30 cm

Abstand: 15 cm zwischen Pflanzen, 30 cm zwischen Reihen

Winterhärte: winterhart

Standort: volle Sonne

Essbare Teile: Samenstände, Wurzel

Ernte: Spätes Frühjahr bis Herbst

STANDORT

Radieschen und Rettich bevorzugen fruchtbaren Boden mit gutem Wasserhaltevermögen und volle Sonne, vertragen aber auch leichten Schatten.

ANBAU

Im Frühjahr und Frühsommer direkt ins Beet in 1 cm tiefe Rillen säen und nach der Keimung auf Abstände von 15 cm ausdünnen. Die Pflanzen blühen schnell und bilden dann längliche Schoten, die etwa sechs Wochen nach der Aussaat geerntet werden, wenn sie noch jung und grün sind. Die Schoten einiger Sorten werden über 30 cm lang.

KULTURTIPP

Um fortlaufend von Frühjahr bis Herbst zu ernten, alle zwei bis drei Wochen Folgesaaten legen.

INTERESSANTE SORTEN

- 'Münchner Bier' ist ein Rettich mit weißer Wurzel und essbaren, etwa 10 cm langen Schoten.
- 'Rattenschwanz' ist eine alte asiatische Sorte mit pikanten Schoten.

LECKERES VERGESSEN

Roh im Salat oder wie Bohnengemüse gegart – vermutlich entstand die Idee, die Schoten zu nutzen, nachdem ein paar Rettiche bei der Ernte im Beet vergessen wurden.

Rhabarber

Rheum × hybridum

Rhabarber ist eine mehrjährige Pflanze mit grünen oder rötlichen essbaren Stielen. Er wird meist für süße Gerichte verwendet, ist aber streng genommen ein Gemüse und kann auch herzhafte Gerichte bereichern.

Familie: Polygonaceae

Höhe: 75 cm

Abstand: 75 cm zwischen Pflanzen, 75 cm zwischen Reihen

Winterhärte: winterhart

Standort: volle Sonne

Essbare Teile: Stiele

Ernte: Frühjahr bis Frühsommer

STANDORT

Rhabarber braucht möglichst viel Sonne und einen durchlässigen Boden. Er gedeiht auch in einem großen Kübel.

ANBAU

Im Herbst oder Frühjahr pflanzen, vorher den Boden mit viel organischer Substanz anreichern. Die Wachstumsspitze darf nicht unter der Erde liegen. Gut angießen und jede Pflanze mit einem Ringwall aus Mulch umgeben. Im ersten Jahr nicht ernten, damit sich die Pflanze etablieren kann. Vom zweiten Jahr an im zeitigen Frühjahr die Stiele direkt an der Basis mit einem Ruck abreißen (nicht schneiden). Jährlich im Herbst mulchen, denn Rhabarber ist ein Starkzehrer.

KULTURTIPP

Wenn Sie nur wenige Blätter abnehmen, können Sie ganzjährig ernten. Die Hauptернte liegt aber im Frühjahr. Wenn Sie viel geerntet haben, sollten Sie die Pflanze ab Frühsommer ungestört wachsen lassen, damit sie Energie für die folgende Saison sammeln kann.

OXALSÄURE

Genau wie bei Spargel endet die offizielle Erntesaison auch bei Rhabarber traditionell am 24. Juni, dem Johannistag. Das hat zwei Gründe: Zum einen brauchen die Pflanzen Zeit, um sich zu erholen, denn mit der Ernte nimmt man ihnen immer wieder grüne Blätter, die sie für die Fotosynthese brauchen. Zum anderen steigt der Gehalt an Oxalsäure im Sommer. Oxalsäure verändert den Geschmack. Für gesunde Menschen ist die Konzentration völlig unbedenklich. Aber wer beispielsweise unter Eisenmangel, Arthritis oder einer Nierenerkrankung leidet, sollte sich bei oxalsäurehaltigen Lebensmitteln zurückhalten.

INTERESSANTE SORTEN

- 'Champagne' ist eine frühe Sorte mit rosa Stielen.
- 'Victoria' ist eine verlässliche Sorte, benannt nach Königin Victoria.

Rhabarber im Dunkeln treiben

Rhabarber in völliger Dunkelheit zu treiben, ist eine Methode, mit der sich der Erntebeginn vorverlegen lässt. Ohne Licht kann die Pflanze keine Fotosynthese betreiben, sie greift daher auf ihre Kohlenhydratvorräte zurück, um Triebe zu bilden. Dabei werden die Speicherkohlenhydrate in Zucker umgewandelt und die Triebe werden zart und süß. Der im Dunkeln getriebene Rhabarber hat daher blassere Stiele, schmeckt aber köstlich. Auf dem Markt findet man ihn nur selten und wenn, dann zu hohen Preisen.

Mit dieser Methode können Sie bis zu vier Wochen früher ernten. Sogar eine noch frühere Ernte ist möglich, wenn Sie den Pflanzen Wärme zuführen, beispielweise durch Stallmist oder indem Sie sie in Kübeln kultivieren und im Haus treiben. Beginnen Sie im Spätwinter oder zeitigen Frühjahr, wenn das Wachstum einsetzt.

Neben Rhabarber eignen sich auch Meerkohl und Chicorée (siehe Seite 68). Sie können das Beet abdunkeln oder die Pflanzen ausgraben und ins Haus holen. Setzen Sie sie in etwas Substrat, das Sie stets etwas feucht halten. Dann sorgen Sie für vollständige Dunkelheit. Holen Sie nur Pflanzen ins Haus, die zuvor eine Kälteperiode erlebt haben, denn viele mehrjährige Gewächse benötigen eine kalte Phase, um aus der Winterruhe zu erwachen.

Nach einigen Wochen können Sie die Pflanzen wieder ins Beet setzen. Während des restlichen Jahres sollten Sie nicht ernten, aber gelegentlich düngen, damit sich die Pflanzen erholen können. Notieren Sie, welche Pflanzen Sie im Dunkeln getrieben haben, und wählen Sie in den nächsten ein bis zwei Jahren andere Exemplare aus.

Es werden spezielle Töpfe angeboten, die man über die Pflanzen stülpen kann. Im Grunde genommen eignet sich aber jeder große Eimer, Topf oder Kübel mit gerader Form. Da es zu der Jahreszeit zu Kälteeinbrüchen kommen kann, sollte das Material frostbeständig sein. Die Höhe sollte 60 cm betragen, damit die Stangen eine ordentliche Länge erreichen.

1. Sobald der Rhabarber die ersten Blätter zeigt, entziehen Sie ihm das Licht.
2. Jedes Pflänzchen mit einem großen frostbeständigen Behälter abdecken. Den Rand des Behälters fest in den Boden drücken.
3. Den Behälter möglichst mit Stroh, Stallmist, Vlies oder Kompost abdecken, um die Temperatur im Inneren zu erhöhen.
4. Je nach Witterung zwei bis vier Wochen abwarten. Wenn die Blätter den Boden des Behälters erreicht haben, werden die Stangen geerntet.
5. Die Stangen unten fassen und mit einer kräftigen Seitwärtsbewegung ruckartig von der Pflanze abreißen.

1

2

3

4

5

Schild-Ampfer

Rumex scutatus

Der mehrjährige Schild-Ampfer mit seinen ungewöhnlich geformten Blättern schmeckt erfrischend in Suppen und Salaten. Zur Gattung *Rumex* zählen weitere essbare Arten, allen voran der bekannte Sauer-Ampfer.

Familie: Polygonaceae

Höhe: 20 cm

Abstand: 60 cm zwischen Pflanzen, 60 cm zwischen Reihen

Winterhärte: winterhart

Standort: volle Sonne oder Halbschatten

Essbare Teile: Blätter

Ernte: Frühjahr bis Herbst

STANDORT

Schild-Ampfer gedeiht in Sonne oder Halbschatten, braucht aber Boden mit gutem Wasserhaltevermögen. Die mehrjährige Pflanze wird etwa zehn Jahre alt und sollte daher nicht in die Fruchtfolge einbezogen werden.

ANBAU

Im Frühjahr oder Herbst im Haus in Schalen säen und in Töpfe pikieren, wenn die Sämlinge groß genug sind. Wenn die Wurzeln den Topf ausfüllen, kann ausgepflanzt werden. Gut angießen und mulchen. Die jungen Blätter regelmäßig rund ums Jahr ernten.

KULTURTIPP

Der Schild-Ampfer übersteht zwar Trockenheit, aber seine Blätter werden dann hart. In diesem Fall die Pflanze stark zurückschneiden und großzügig gießen.

ANDERE SORTEN

Essbar sind neben *R. scutatus* auch der Sauer-Ampfer *(R. acetosa)* und der Blut-Ampfer *(R. sanguineus)*, der attraktive rote Blattadern hat.

Agretti

Salsola soda, auch Salzkraut, Mönchsbart

Agretti ist ein fleischiges Blattgemüse. Es ähnelt dem Queller (*Salicornia* sp.), wächst aber an Land. Es kann roh und gegart genossen werden.

Familie: Amaranthaceae

Höhe: 20 cm

Abstand: 15 cm zwischen Pflanzen, 30 cm zwischen Reihen

Winterhärte: winterhart

Standort: volle Sonne

Essbare Teile: Blätter

Ernte: Sommer bis Herbst

STANDORT

Agretti benötigt volle Sonne. Als Küstenpflanze bevorzugt es durchlässigen Boden, der aber mit organischer Substanz angereichert werden sollte.

ANBAU

Im Spätwinter die Samen 24 Stunden einweichen, um die Keimung zu erleichtern. Dann in Schalen säen. Die Keimung erfolgt bei mindestens 18 °C innerhalb von drei Wochen. Die Sämlinge in Töpfe pikieren und bis zum mittleren Frühjahr im Haus kultivieren. Dann abhärten und in vorbereiteten, nährstoffreichen Boden pflanzen. Regelmäßig kleine Mengen ernten.

KULTURTIPP

Weil Agretti-Samen nicht lange keimfähig sind, sollten sie bald nach dem Kauf gesät werden. Länger gelagerte Samen keimen meist nicht mehr.

GRÜNES GLASS

Früher wurde Agretti verbrannt, um die salzhaltige Asche zu gewinnen. Diese wurde als basische Zutat für die Seifensiederei und bei der Glasherstellung benötigt.

Yacón

Smallanthus sonchifolius

Yacón ist mit der Sonnenblume (*Helianthus* sp.) verwandt und stammt ursprünglich aus den Anden. Die Knollen werden im Herbst geerntet und haben einen frischen Apfelgeschmack.

Familie: Asteraceae

Höhe: 1,5 m

Abstand: 50 cm zwischen Pflanzen, 1 m zwischen Reihen

Winterhärte: frostempfindlich

Standort: volle Sonne

Essbare Teile: Knollen

Ernte: Herbst

STANDORT

Benötigt einen sonnigen, windgeschützten Standort mit durchlässigem Boden. Organische Substanz einarbeiten, um das Wasserhaltevermögen zu verbessern. Yacón gedeiht wegen seiner langen Vegetationszeit am besten im Gewächshaus.

ANBAU

In frostgefährdeten Regionen die Knollen im mittleren Frühjahr im Haus in Töpfe pflanzen. Abhärten und auspflanzen, wenn sich der Boden auf mindestens 7 °C erwärmt hat und keine Frostgefahr mehr besteht. Gut angießen und mulchen. Die Knollen ausgraben, wenn im Herbst die Blätter absterben. Die kleinsten an einem kühlen, dunklen, frostfreien Platz lagern, um sie im folgenden Jahr zu pflanzen. In milderen Gegenden kann Yacón im Beet überwintern.

KULTURTIPP

In windigen Lagen sollten Sie die Pflanzen stützten und anbinden, damit sie bei Böen nicht abbrechen.

SÜSSER ERSATZSTOFF

Yacón-Knollen enthalten Oligofruktose. Sie schmeckt süß, wird aber vom menschlichen Stoffwechsel nicht verwertet. Der Sirup aus den Knollen dient daher als kalorienarmer Zuckerersatz.

Tomate

Lycopersicon esculentum

Eine sonnenwarme Tomate direkt vom Strauch ist ein Hochgenuss. Tomaten gibt es in so vielen Farben, Größen, Wuchsformen und Geschmacksrichtungen, dass jeder eine passende Sorte finden kann. Die farbenfrohen Früchte sehen zudem attraktiv aus (siehe Seite 54). Tomaten lassen sich leicht aus selbst gesammelten Samen heranziehen (siehe Seite 118).

Familie: Solanaceae

Höhe: 2 m

Abstand: 50 cm zw. Pflanzen, 50 cm zw. Reihen

Winterhärte: frostempfindlich

Standort: volle Sonne, windgeschützt

Essbare Teile: Früchte

Ernte: Sommer bis Herbst

STANDORT

Traditionell werden Tomaten in frostgefährdeten Gebieten unter Glas kultiviert, weil sie viel Wärme benötigen. Inzwischen gibt es viele Züchtungen, die auch im Freiland gut gedeihen. Sie reifen allerdings etwas später als Gewächshaustomaten. Tomaten brauchen einen sonnigen, windgeschützten Platz. Reichern Sie den Boden mit organischer Substanz an, denn der Nährstoffbedarf der Pflanzen ist enorm.

BITTE BRUMMEN

Tomaten brauchen für die Bestäubung summende Insekten. Erst wenn die Blüte durch das Summen einer Biene anfängt zu vibrieren, geben die Staubgefäße den Pollen frei. Er landet dann direkt auf dem Körper des Insekts.

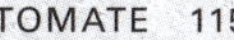

ANBAU

Im Frühjahr in Schalen säen. Die Keimtemperatur beträgt etwa 21 °C. Wenn die beiden ersten echten Blätter gebildet sind, in Anzuchttöpfe pikieren, später in 9-cm-Töpfe umpflanzen und bei derselben Temperatur weiterwachsen lassen. Erst nach den letzten Frösten langsam abhärten und ins Freie pflanzen.

Im Fachhandel sind veredelte Tomaten erhältlich. Die Veredelungsunterlage sorgt für eine bessere Resistenz gegen Krankheiten und Schädlinge (siehe Seite 134). Diese Pflanzen bringen höhere Erträge als anfälligere Sorten.

Die Pflanzen am endgültigen Standort stützen. Im Gewächshaus genügen Schnüre, im Freiland sind stabile Stäbe sinnvoll (siehe Seite 128). Regelmäßig gießen und wöchentlich mit einem Tomatendünger versorgen. Von Rispentomaten regelmäßig Seitentriebe in den Blattachseln abknipsen («ausgeizen»). Im Spätsommer oder wenn die Pflanze ihren Platz ausfüllt, die Spitze des Haupttriebs entfernen. Die Pflanze bildet danach keine neuen Früchte mehr. Dann einige junge Früchte abpflücken, damit die Energie der Pflanze den verbleibenden Tomaten zugutekommt.

KULTURTIPP

Beim Gießen ist es wichtig, die Blätter nicht zu benetzen, um Krankheiten vorzubeugen (siehe Seite 134). Zudem entstehen keine Wasserflecken auf den Früchten und Blättern.

WUCHSFORMEN

Die Wuchsform einer Tomatensorte hat Einfluss darauf, wie sie am besten kultiviert wird.

STRAUCHTOMATEN sind noch relativ neu. Das Gen, das diesen Wuchs bewirkt, tauchte erst Ende der 1920er-Jahre auf. Diese Pflanzen erreichen eine mittlere Höhe und ihre Blüten stehen in Gruppen an den Enden der Zweige. Strauchtomaten benötigen keine Stützen, auch das Ausgeizen ist nicht erforderlich. Die Ernte ist etwas mühsamer, weil die Früchte teilweise versteckt hängen.

RISPENTOMATEN sind der meistkultivierte Typ. Sie benötigen Stützen oder Schnüre. Sie bilden einen dicken Haupttrieb, an dem die Blüten und später die Früchte in Rispen stehen. Es entwickeln sich oft Seitentriebe, die ebenfalls Blüten und Früchte bilden. Diese Seitentriebe sollten Sie möglichst frühzeitig ausgeizen, denn sie kosten Energie und schmälern daher den Ertrag.

ZWERGTOMATEN lassen sich hervorragend in Töpfen auf dem Balkon oder der Fensterbank kultivieren.

AMPELTOMATEN sind hängende Sorten mit kleinen Früchten.

INTERESSANTE SORTEN

Strauchtomaten

- 'Sub-Arctic Plenty' gedeiht gut in kühlerem Klima.

Rispentomaten

- 'Outdoor Girl' ist eine ertragreiche Sorte für den Freilandanbau.
- 'Sungold' trägt zahlreiche kirschgroße Tomaten in Orange.

Ampeltomaten

- 'Tumbler' eignet sich gut für Ampeln.

Die Farbe einer Tomate ergibt sich aus der Farbe des Fruchtfleischs und der Farbe der Schale.

Braun = gelbe Schale und rot-grünes Fleisch

Rosa = transparente Schale und rotes Fleisch

Violett = transparente Schale und rot-grünes Fleisch (ein rezessives Gen bewirkt, dass auch reife Früchte noch etwas Chlorophyll enthalten)

Rot = gelbe Schale und rotes Fleisch

Weiß = transparente Schale und weißes Fleisch

Gelb = transparente Schale und gelbes Fleisch

Samen ernten

Wer einen eigenen Nutzgarten hat, kann von seinen Pflanzen Samen abnehmen. In den meisten Fällen ist das ganz einfach. Sie sollten allerdings vorher herausfinden, ob die Samen sortenrein sind, das heißt, ob aus ihnen Pflanzen wachsen, die mit der Elternsorte identisch sind. Werden zwei verschiedene Sorten miteinander gekreuzt, entsteht eine Pflanze mit neuen Eigenschaften – ein Umstand, den sich Züchter zunutze machen. In der nachfolgenden Generation können aber einzelne Eigenschaften wieder verloren gehen oder sich verändern. Wenn Sie nicht riskieren wollen, dass verschiedene Sorten sich kreuzen, können Sie versuchen, größere Abstände zwischen den Elternpflanzen einzuhalten oder mit Barrieren den Insekten den Weg zwischen verschiedenen Sorten zu versperren.

Tomatensamen sind meist sortenrein. Um sicherzugehen, pflanzen Sie sechs Pflanzen derselben Sorte in mindestens 3 m Abstand zu anderen Sorten. Eine verlässlich sortenreine Sorte ist 'Ailsa Craig'.

Ernten Sie Samen erst, wenn sie ganz ausgereift sind. Hülsenfrüchte wie Buschbohnen (siehe Seite 100) oder Erbse (siehe Seite 102) können Sie an der Pflanze trocknen lassen. Zweijährige Pflanzen wie Möhren, Pastinaken und Grünkohl benötigen eine Kälteperiode, bevor sie blühen und Samen bilden. Darum lässt man sie meist über Winter im Boden und erntet die Samen im Frühjahr. Wenn die Sorten nicht winterhart sind oder ein sehr kalter Winter vorhergesagt wurde, sollten Sie die Pflanzen ausgraben und im Haus in Töpfe setzen. Können die Samen nicht an der Pflanze trocknen, ernten Sie die Samenstände und trocknen Sie sie in Papiertüten. Beschriften nicht vergessen!

Entfernen Sie abgestorbene Pflanzenteile von den getrockneten Samen. Manche Samen sind von einer gelartigen oder feuchten Substanz umgeben, die fermentieren muss, bevor sie sich entfernen lässt. Die gereinigten Samen in beschriftete Briefumschläge füllen und bis zur Aussaat an einem kühlen, trockenen Ort aufbewahren.

1. Vollreife Tomaten ernten. Makellose Exemplare auswählen, die so aussehen, wie es für die Sorte zu erwarten ist.
2. Die Samen aus den Tomaten schaben. In ein Glas mit Wasser geben, mit durchlöchertem Deckel verschließen und drei bis fünf Tage bei 25 °C stehen lassen. In dieser Zeit fermentiert die Gelhülle.
3. Die Mischung aus Gel und Schimmel abschöpfen und die Samen mit sauberem Wasser abspülen.
4. Durch ein Sieb gießen. Die Samen auf eine Kaffeefiltertüte legen und vollständig trocknen lassen.
5. Die getrockneten Samen in einen beschrifteten Umschlag stecken und über Winter kühl, dunkel und trocken lagern.

1

2

3

4

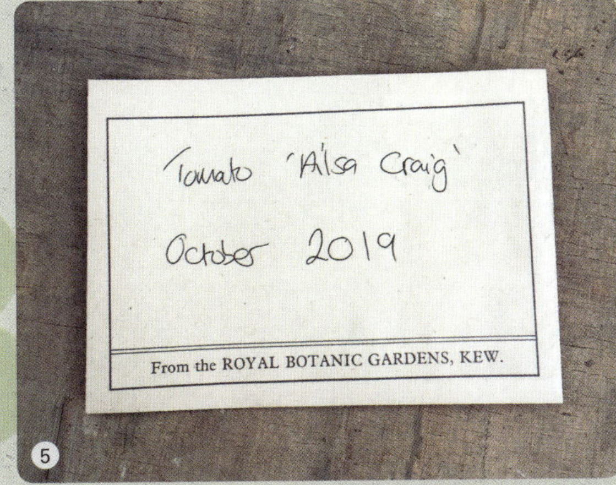
Tomato 'Ailsa Craig'
October 2019
From the ROYAL BOTANIC GARDENS, KEW.
5

Aubergine

Solanum melongena

Auberginen gibt es in verschiedenen Formen. Am besten erntet man sie jung, aber schon vollständig ausgefärbt. Bekannt sind vor allem die violetten Früchte, es gibt aber auch attraktive Sorten mit Früchten in Weiß oder Orange (siehe Seite 54).

Familie: Solanaceae

Höhe: 50 cm

Abstand: 60 cm zwischen Pflanzen, 80 cm zwischen Reihen

Winterhärte: frostempfindlich

Standort: volle Sonne

Essbare Teile: Früchte

Ernte: Sommer bis Herbst

STANDORT

In kühlen Gegenden werden Auberginen am besten im Gewächshaus kultiviert, weil sie viel Wärme und hohe Luftfeuchtigkeit brauchen. An einem sonnigen, windgeschützten Standort mit durchlässigem Boden gedeihen sie auch im Freiland.

ANBAU

Im zeitigen Frühjahr im Haus bei 21 °C in Anzuchttöpfe aussäen, später in 9-cm-Töpfe umpflanzen. Wenn die Wurzeln den Topf ausfüllen und kein Frost mehr droht, die Pflanzen abhärten. Beim Pflanzen Stützen in den Boden stecken (siehe Seite 128). Während des Sommers regelmäßig gießen. Die Früchte ernten, wenn sie noch klein sind.

KULTURTIPP

Wenn man die Spitze des Haupttriebs abknipst, wächst die Pflanze buschiger. Wer große Früchte ernten will, sollte bei starkem Fruchtansatz ausdünnen.

INTERESSANTE SORTEN

- 'Black Enorma' wächst kompakt und gedeiht gut in Kübeln. Die Stiele sind weniger stachelig.
- 'Turkish Orange' hat rundliche, orangefarbene Früchte, die Tomaten ähneln.

APFEL DER IRREN

Der italienische Name der Aubergine lautet *melanzane,* abgeleitet von den Wörtern *mela* (Apfel) und *insana* (verrückt). Dem mittelalterlichen Volksglauben zufolge verursachten die Früchte Irrsinn.

Kartoffel

Solanum tuberosum

Wer genug Platz hat, sollte auf Kartoffeln nicht verzichten. Aufgrund der Zeit, die sie zur Reife benötigen, unterscheidet man zwischen Frühkartoffeln, mittelfrühen und späten Sorten. Zwar wachsen Kartoffeln auch nach dem optimalen Erntezeitpunkt weiter, aber ihr Geschmack leidet, wenn sie zu lange im Boden bleiben. Lässt man beispielsweise festkochende Sorten zu lange in der Erde, werden die Knollen sehr groß und mehlig.

Familie: Solanaceae

Höhe: 60 cm

Abstand: 60 cm zwischen Pflanzen, 75 cm zwischen Reihen

Winterhärte: frostempfindlich

Standort: volle Sonne

Essbare Teile: Knollen

Ernte: Sommer bis Herbst

STANDORT

Kartoffeln sind Starkzehrer, darum den Boden vor der Pflanzung mit organischer Substanz anreichern. Ideal ist volle Sonne.

ANBAU

Pflanzkartoffeln werden im mittleren Frühjahr in 15 cm tiefe Rillen gelegt. Kartoffeln sind nicht winterhart. Falls Frost vorhergesagt ist, sollten Sie die ersten sichtbaren Triebe anhäufeln. Ziehen Sie dazu die Erde aus dem Reihenzwischenraum über die Pflänzchen. Während der Wachstumszeit sollte der Boden nicht austrocknen, sonst kann sich Schorf auf der Schale bilden.

Kartoffeln, die nicht gleich nach der Ernte gegessen werden, können Sie in einer Erdmiete lagern (siehe Seite 80). Nähere Informationen zu Kartoffeltypen finden Sie auf Seite 123.

KULTURTIPP

Sie verschaffen Ihren Kartoffeln einen Vorsprung, wenn Sie sie auf der Fensterbank oder in einem frostfreien Gewächshaus vorkeimen.

INTERESSANTE SORTEN

Frühkartoffeln

- 'La Ratte' ist eine sehr frühe festkochende Sorte aus Frankreich mit leicht nussigem Geschmack. Die länglichen Knollen lassen sich gut lagern.
- 'Reichskanzler' ist eine verlässliche, weißfleischige mehlige Sorte.

Mittelfrühe Sorten

- 'Charlotte' ist eine gute Salatkartoffel mit heller Schale und cremeweißem Fleisch.
- 'Chayenne' ist eine französische Sorte mit gelblichem Fleisch und roter Schale.

Haupternte

- 'King Edward' ist eine ertragreiche Sorte mit rosa Flecken auf der Schale. Beliebt als Ofenkartoffel.
- 'Pink Fir Apple', auch Rosa Tannenzäpfle genannt, hat eine rosa getönte Schale und gelbes Fleisch.

KARTOFFELN IM KRIEG

Im Jahr 1918 wurden die Rasenflächen des königlichen Palasts in Kew (England) umgepflügt, um Kartoffeln zu pflanzen. Und im August holten die Gärtner 27 Tonnen Knollen aus der Erde. Im zweiten Weltkrieg entdeckte Kurator William Campbell, dass man aus Kartoffelscheiben, die ein einziges Auge besitzen, Pflanzen heranziehen kann. So ließ sich mit dem knappen Vorrat an Pflanzkartoffeln deutlich mehr Ertrag erzielen.

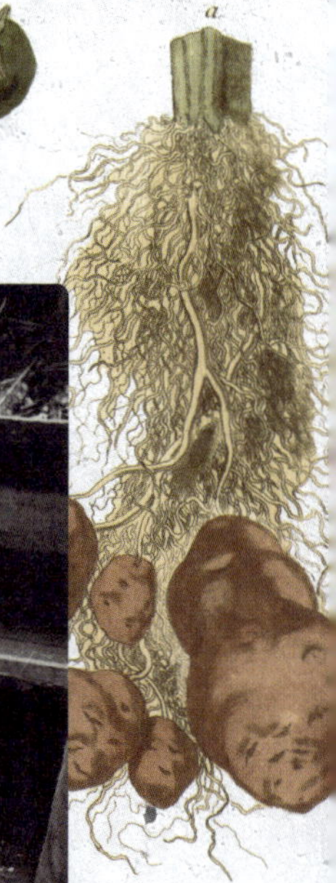

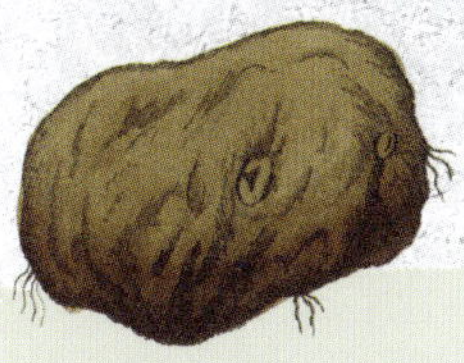

KARTOFFELTYPEN

FRÜHKARTOFFELN sind die ersten Kartoffeln, die geerntet werden. Etwa zehn bis zwölf Wochen nach der Pflanzung blühen die Pflanzen – dann können die Kartoffeln ausgegraben werden. Frühkartoffeln sind fest und mild und haben eine dünne Schale. Da sie nicht lange haltbar sind, isst man sie am besten frisch. Sie eignen sich für Salat ebenso wie zum Kochen oder Backen.

MITTELFRÜHE KARTOFFELN erntet man 13 bis 16 Wochen nach der Pflanzung, wenn das Laub gelb wird und abzusterben beginnt. Es gibt festkochende und mehlige Sorten.

SPÄTE KARTOFFELN bilden die Haupternte. Die Reifezeit beträgt etwa 24 Wochen. Die Knollen besitzen eine dicke Schale und eignen sich darum gut zum Einlagern für den Wintervorrat (siehe Seite 124). Wenn das Laub vollständig abgestorben ist, können sie noch weitere zwei Wochen im Boden bleiben, sofern trockenes Wetter vorhergesagt wurde.

Gemüse für Wintermenüs

Es macht enorm zufrieden, wenn man bei einem festlichen Essen im Winter feststellt, dass ein Großteil des Gemüses aus eigener Ernte stammt. Und mit etwas Planung lässt sich das leicht bewerkstelligen.

Mit etwas Kälteschutz können Sie Kartoffeln bis in den Winter hinein ernten. Von der Pflanzung bis zum Ausgraben vergehen etwa zwölf Wochen. Kaufen Sie am besten im Hochsommer oder Spätsommer Sorten wie 'Roter Erstling' oder 'Maris Piper' direkt beim Erzeuger, denn die Knollen brauchen eine Kälteperiode, um aus der Keimruhe zu erwachen. Einfach rechtzeitig ins Gewächshaus pflanzen, am Tag des Festessens aus der Erde ziehen, das Grün entfernen und zubereiten. Wer kein Gewächshaus hat, kann Sommergemüse bis in den Winter lagern und nach Bedarf verbrauchen. Ofenkartoffeln schmecken herrlich!

Für das Gewächshaus empfehlen sich außer Kartoffeln schnell wachsende kleine Karotten. Auch Rote Beten können im Herbst ausgesät und im Winter geerntet werden. Übrigens schmecken auch die jungen Blätter gut!

Pastinaken und Steckrüben können bis in den Winter im Beet bleiben und nach Bedarf geerntet werden. Dasselbe gilt für Rosenkohl, Grünkohl und Wirsing. Vielleicht steht auch noch Lauch im Beet, den Sie allerdings in strengen Wintern abdecken sollten. Zwiebeln und Knoblauch halten sich an einem trockenen Platz bis in den Winter. Auch Kürbis – im Ofen gebacken – ist im Winter ein Genuss.

A Kartoffeln: Einen Pflanzsack oder großen Kübel zur Hälfte mit Universalsubstrat füllen und eine bis drei Pflanzkartoffeln hineinlegen. Erde nachfüllen, wenn das Laub wächst.

B Pastinaken: Sie werden zeitig im Frühjahr gesät und können bis in den Winter hinein im Beet bleiben. Nach Bedarf ernten.

C Grünkohl (Aussaat Hochsommer) und Rosenkohl (Aussaat spätes Frühjahr) stehen im Winter noch im Beet. Nach Bedarf ernten.

D Möhren: Am besten kleine, runde Sorten wählen und im Frühherbst in Universalsubstrat säen. Feucht halten und ausdünnen.

E Knoblauch und Zwiebeln im Sommer trocknen und für den Winter einlagern.

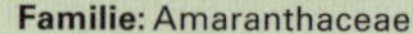

Spinat

Spinacia oleracea

Spinat bildet dunkelgrüne Blätter, die ganzjährig geerntet werden können. Er ist für seinen hohen Eisengehalt bekannt. Junge Blätter schmecken köstlich in Salaten, größere können gedünstet oder geschmort werden.

Familie: Amaranthaceae

Höhe: 30 cm

Abstand: 15 cm zwischen Pflanzen, 30 cm zwischen Reihen

Winterhärte: winterhart

Standort: Halbschatten

Essbare Teile: Blätter

Ernte: Ganzjährig

STANDORT

Im Sommer möglichst im Halbschatten säen. Spinat bevorzugt einen Boden mit gutem Wasserhaltevermögen und einem hohen Anteil an organischer Substanz. Auch geeignet für die Fensterbank (siehe Seite 104).

ANBAU

Im Frühjahr und Herbst in Anzuchttöpfen vorziehen. Die Sämlinge abhärten und auspflanzen, sobald sie groß genug sind. Gut angießen. Folgesaaten können direkt ins Beet gelegt werden. Regelmäßig gießen: Bei Trockenheit schießt Spinat schnell in Saat. Ernten Sie von mehreren Pflanzen immer nur einige der unteren Blätter.

KULTURTIPP

Um im Winter ernten zu können, sollten Sie Spinat bis zum Spätsommer säen. Dann sind die Pflanzen bis zum Herbst groß genug, um den Winter zu überstehen.

INTERESSANTE SORTEN

- 'Winterriesen' ist eine Sorte, die sich gut überwintern lässt.
- 'Red Kitten' hat rote Stiele.

FLORENTINER GEMÜSE

Gerichte mit Spinat werden oft als florentinisch bezeichnet. Das geht auf Katharina von Medici zurück, die in Florenz geboren wurde. Sie liebte Spinat so sehr, dass sie ihn täglich aß.

Feldsalat

Valerianella locusta, auch Rapunzel

In der kalten Jahreszeit, wenn nicht viel im Garten wächst, schiebt dieser köstliche Wintersalat seine dunkelgrünen Blätter aus dem Boden.

Familie: Caprifoliaceae

Höhe: 10 cm

Abstand: 10 cm zwischen Pflanzen, 15 cm zwischen Reihen

Winterhärte: winterhart

Standort: volle Sonne

Essbare Teile: Blätter

Ernte: Ganzjährig

STANDORT

Braucht volle Sonne und durchlässigen, nährstoffreichen Boden. Organische Substanz unterarbeiten.

ANBAU

Feldsalat kann grundsätzlich an Ort und Stelle gesät werden, nur für die Winterernte zieht man ihn im Spätsommer in Anzuchttöpfen vor. Sobald die Sämlinge groß genug sind, abhärten und auspflanzen. Gut angießen und mulchen. Die Blätter nach Bedarf ernten.

KULTURTIPP

Die Erträge fallen besser aus, wenn Feldsalat im Winter einen Kälteschutz bekommt (siehe Seite 25).

MÄRCHENHAFT

Rapunzel ist ein alter deutscher Name für den Feldsalat. Im Märchen bekommt ein Mädchen diesen Namen, weil ihre Mutter während der Schwangerschaft ganz verrückt nach Feldsalat war.

Stützen und Rankhilfen

Bei der Zucht von Gemüsesorten wird oft auf hohe Erträge und Krankheitsresistenz Wert gelegt. Das geht manchmal auf Kosten der Standfestigkeit. Darum ist es vor allem auf offenen, windigen Grundstücken sinnvoll, höheren Gemüsearten Stützen zur Seite zu stellen. Pflanzen, die von Natur aus klettern, brauchen etwas, woran sie in die Höhe wachsen können. Andere benötigen Stützen, damit sie unter der Last ihrer Früchte nicht umfallen.

Kletterhilfen sind für Bohnen und Erbsen wichtig. Auch Gurken sollten die Möglichkeit zum Klettern haben, damit ihre Früchte nicht auf dem Boden liegen, denn dort könnten sie in der Feuchtigkeit faulen. Außerdem sind die hoch hängenden Früchte leichter zu ernten. Auberginen, Chili und Ackerbohnen können unter dem Gewicht ihrer Früchte abknicken oder abbrechen und sollten darum ebenfalls gestützt werden.

Stecken Sie die Stützen in den Boden, solange die Pflanzen noch jung sind. Es können einzelne Stützen sein, aber auch drei oder vier pro Pflanze. Achten Sie darauf, dass sie lang genug sind, damit Sie sie tief im Boden verankern können. Beim Material ist die Auswahl groß. Wichtig ist, dass die Stützen stabil sind, damit sie mindestens eine Saison halten. Metallstangen sind haltbar und sehen gut aus, sind aber nicht billig. Plastik ist preiswerter, aber leichter und weniger haltbar.

Stützen aus Holz sind robust, attraktiv und nachhaltig. Neben Birkenholz eignen sich lange Haselruten. An verzweigten dünneren Ästen dürfen sich Erbsen emporwinden, der dickere untere Teil eignet sich als Bohnenstange. Wer viel Platz hat, kann einen Haselstrauch pflanzen und regelmäßig schneiden, um Pflanzenstützen zu gewinnen. Aus den Ruten lässt sich leicht ein «Stützkäfig» für Ackerbohnen bauen.

1. Bereiten Sie die Fläche rund um die Ackerbohnen vor. Ein Maßband auslegen und in gleichmäßigen Abständen Stellen für die Stützen markieren. Eine Lücke lassen, damit Sie die Pflanzen in der Mitte gut erreichen.
2. Von dickeren Haselruten 1 m lange Stücke zuschneiden. Ein Ende anspitzen, um die Stützen leichter einschlagen zu können.
3. Für jede Stütze ein Loch in den Boden stechen.
4. Die Stützen ins Loch stecken und mit einem Hammer mindestens 20 cm tief einschlagen. Überprüfen, ob die Stangen gerade stehen.
5. Zwischen die Stützen die verzweigten, dünnen Haseläste stecken. Auch dafür Löcher vorstechen. Die Zweige miteinander verflechten, damit sie einen stabilen Rankkäfig rund um die Bohnen bilden.

1

2

3

4

5

Ackerbohne

Vicia faba, auch Puffbohne, Saubohne, Dicke Bohne

Die winterharten Ackerbohnen können Sie im Herbst säen, um sie im Frühjahr zu ernten. Eine zweite Aussaat bietet sich im Spätwinter an. Normalerweise sind die Bohnen hellgrün, es gibt aber Sorten wie 'Karmazyn' mit rosa Samen.

Familie: Fabaceae

Höhe: 1 m

Abstand: 25 cm zwischen Pflanzen, 45 cm zwischen Reihen

Winterhärte: winterhart

Standort: volle Sonne

Essbare Teile: Samen

Ernte: Spätes Frühjahr bis Frühsommer

STANDORT

Zum Überwintern ist durchlässiger Boden wichtig. An einem sonnigen Platz fallen die Erträge am besten aus.

ANBAU

Zum Überwintern im Frühherbst in 9-cm-Töpfe säen, abhärten und spätestens im Spätherbst auspflanzen, damit die Pflanzen bis zum Kälteeinbruch kräftig genug sind. Alternativ im Spätwinter in Töpfen vorziehen oder direkt ins Beet säen, wenn sich der Boden auf 5 °C erwärmt hat. Es empfiehlt sich, bei der Pflanzung Stützen für die hohen Pflanzen anzubringen.

KULTURTIPP

Wenn die Bohnen zu blühen beginnen, die Triebspitzen abknipsen, denn sie werden oft von der Schwarzen Bohnenlaus, einer Blattlausart, befallen (siehe Seite 132). Die Triebspitzen nicht wegwerfen, sie schmecken gut im Salat.

INTERESSANTE SORTEN

- 'Aquadulce Claudia' ist eine verlässliche Sorte zum Überwintern.
- 'Crimson Flowered' ist eine sehr alte Sorte von 1777 mit hübschen roten Blüten.
- 'Karmazyn' bildet rosa Samen.
- 'The Sutton Dwarf' ist eine zwergwüchsige Sorte.

BOHNEN ZÄHLEN

Mollebonen sind eine niederländische Knabberei. In Groningen verwendete man die gerösteten Ackerbohnen bis ins 18. Jahrhundert auch bei Abstimmungen im Gemeinderat.

Mais

Zea mays

Mais gehört zu den Gemüsearten, die direkt von der Pflanze am allerbesten schmecken. Neben den bekannten gelben Sorten gibt es auch Mais in anderen Farben (siehe auch Seite 54).

Familie: Poaceae

Höhe: 1,5 m

Abstand: 45 cm zwischen Pflanzen, 45 cm zwischen Reihen

Winterhärte: frostempfindlich

Standort: volle Sonne

Essbare Teile: Samen

Ernte: Sommer bis Herbst

STANDORT

Mais braucht einen sonnigen, windgeschützten Standort mit nährstoffreichem Boden. Da er durch den Wind bestäubt wird, sollte er nicht in Reihen, sondern in Blöcken gepflanzt werden.

ANBAU

In Frühjahr in 9-cm-Töpfe säen, weil die Wurzeln lang werden. Die optimale Keimtemperatur beträgt 21 °C. Nach den letzten Frösten die Pflanzen abhärten und auspflanzen. Alternativ im Frühsommer direkt ins Beet säen. Der erwärmte Boden fördert die Keimung. Wenn die Pflanzen zu blühen beginnen, sollte der Boden stets feucht sein.

KULTURTIPP

Mais ist reif, wenn sich die Fäden an den Spitzen der Kolben braun verfärben und aus den Körnern auf Druck milchiger Saft austritt. Junge Maiskolben schmecken am besten.

SCHNELL VERZEHREN!

Direkt von der Pflanze schmeckt Mais besonders süß. Vom Moment der Ernte an nimmt die Süße stetig ab, weil die enthaltenen Zuckerstoffe in Stärke umgewandelt werden.

INTERESSANTE SORTEN

- 'Minipop' F1 bildet sehr kleine Kolben («Babymais»).
- 'Tatonka' reift früher als andere Sorten und schmeckt sehr süß.

Schädlinge und Krankheiten

Gemüseanbau macht viel Freude, aber gelegentlich kann es auch zu Problemen kommen, die es zu behandeln gilt. Neben Standortfaktoren wie Licht und Bodenverhältnisse kommen Schädlinge, Krankheiten und Nährstoffmangel als Gründe für kränkelnde Pflanzen infrage. Jede Gemüseart hat ihre speziellen Anfälligkeiten. Hier werden nur einige der häufigsten Probleme und geeignete Lösungsstrategien vorgestellt.

Probleme lassen sich am besten vermeiden, indem man kräftige und gesunde Pflanzen heranzieht, denn sie sind widerstandsfähiger gegen Umwelteinflüsse. Gesund werden Pflanzen nicht unbedingt durch übermäßiges Hätscheln, sondern vor allem durch gutes Abhärten (siehe Seite 23). Dann sind sie von klein auf an wechselnde Wetterverhältnisse gewöhnt und entwickeln ein kräftiges Wurzelwerk. Trotzdem sollten Sie dafür sorgen, dass Ihre Schützlinge die richtigen Mengen an Wasser, Nährstoffen, Licht und Wärme bekommen, damit sie möglichst gesund heranwachsen. Wenn Schädlinge oder Krankheiten immer wieder auftreten, können Sie resistentere Sorten wählen oder einige Jahre auf bestimmte Gemüsearten verzichten. Eine Fruchtfolge beugt hartnäckigen Problemen vor. Sinnvoll ist außerdem, sich über die Lebenszyklen von Krankheitserregern und Schädlingen zu informieren und in der Zeit, in der mit stärkerem Befall zu rechnen ist, häufiger zu kontrollieren.

SCHÄDLINGE

Schädlinge haben das Gemüse in Ihrem Garten im Visier. Das ist ärgerlich, aber in einem funktionierenden Ökosystem hält sich der Befall meist in Grenzen, weil die Schädlingspopulationen von ihren natürlichen Feinden dezimiert werden.

Blattläuse

Diese saugenden Insekten zählen zu den häufigsten Schädlingen. Sie befallen hauptsächlich junge, saftige Triebspitzen, beispielsweise von Ackerbohnen (siehe Seite 130), und können Krüppelwuchs verursachen. Ihre klebrigen Ausscheidungen, Honigtau genannt, machen die Pflanze anfälliger für Schadpilze. Bei geringem Befall lassen sich Blattläuse meist von Hand abstreifen. Ihre natürlichen Feinde, darunter Marienkäfer, einige Wespen und Schwebfliegenlarven, lassen sich mit den richtigen Begleitpflanzen anlocken (siehe Seite 25). Wirksam ist auch, mit einer biologisch abbaubaren Seifenlösung zu spritzen, die den Blattläusen schlecht bekommt.

Vögel

Vögel fressen gern die jungen Blätter von Kohlgewächsen, Hülsenfrüchten und Salatgemüse. Das kann zu Wachstumsstörungen führen, schlimmstenfalls gehen die Pflanzen ein. Durch Schutznetze (siehe Seite 25) oder Vogelscheuchen lässt sich der Schaden eindämmen. Es gibt Hinweise, dass sich Ernteausfälle durch rote Sorten oder durch Polykultur, also die Mischung verschiedener Arten und Sorten, verringern lassen.

RECHTS: Ein Kohlkragen verhindert, dass Kohlfliegen ihre Eier ablegen. Er sollte einen Durchmesser von mindestens 10 cm haben und eng anliegen.

Raupen

Raupen können erhebliche Schäden verursachen. Kohl (siehe Seite 57) ist vor allem durch den Kohlweißling gefährdet. Die erwachsenen Tiere legen ihre Eier auf den Pflanzen ab. Meist schlüpfen alle Larven gleichzeitig. Dann können sie über Nacht ganze Pflanze auffressen. Kontrollieren Sie, ob sich auf den Blattunterseiten gelbliche Eier befinden. Netze verhindern, dass die Schmetterlinge zur Eiablage auf den Pflanzen landen (siehe Seite 25). Auch der Erbsenwickler ist ein gefürchteter Schädling, weil seine Larven in den Hülsen schlüpfen und man die Schäden erst nach der Ernte sieht. Frühe Sorten (siehe Seite 102) sind weniger gefährdet, da sie vor der Eiablage im Frühsommer geerntet werden. Ansonsten sind feine Netze als Schutz empfehlenswert.

Wurzelfliegen

Sie schädigen die unterirdischen Pflanzenteile und sind oft auf bestimmte Gemüsesorten spezialisiert. Die Larven der Kohlfliege greifen die Wurzeln von Kohlgewächsen an (siehe Seite 57), die Möhrenfliege befällt Möhren (siehe Seite 78) und manchmal Pastinaken (siehe Seite 97). Die Schäden werden stets durch die Larven verursacht. Der wirkungsvollste Schutz sind Barrieren, die verhindern, dass die erwachsenen Tiere zur Eiablage das Gemüse anfliegen. Für Kohl eignen sich «Kohlkragen»: runde Scheiben mit einem Loch in der Mitte und einem Schlitz. Man legt sie um die Stiele der Pflanzen, um den Wurzelbereich abzudecken. Man kann sie kaufen oder aus Pappe selbst zuschneiden. Möhrenfliegen können nicht hoch fliegen und lassen sich mit 60 cm hohen Barrieren aus Fliegengitter abhalten. Der Geruch beschädigter Möhrenblätter lockt die Fliegen an. Daher hat sich die Mischkultur mit Zwiebelgewächsen bewährt (siehe Seite 13), die mit ihrem intensiven Geruch den Möhrenduft überdecken. Weitere Informationen auf Seite 25.

KRANKHEITEN

Krankheiten an Gemüse werden durch Bakterien, Viren oder Pilze verursacht. Pilzkrankheiten stellen vor allem in feucht-warmen Sommern eine besondere Gefahr dar.

Krautfäule

Diese Pilzerkrankung befällt vor allem Tomaten (siehe Seite 115) und Kartoffeln. Sie kann sich im Gemüsegarten bei feuchter Witterung schnell ausbreiten und äußert sich durch braune Faulstellen auf den Blättern, die auf der Blattunterseite weißlich schimmern. Befallene Blätter und Triebe sterben schnell ab. Bei Tomaten können auch die Früchte befallen sein. Kartoffelknollen lassen sich retten, wenn man das befallene Laub schnell genug entfernt. Es gibt jedoch resistente Sorten. In manchen Gegenden wurde ein Internet-Warndienst eingerichtet, sodass Gärtner ernten können, bevor sich der Pilz ausbreitet. Falls die Krankheit auftritt, alle befallenen Teile verbrennen (keinesfalls kompostieren) und unbedingt die Fruchtfolge einhalten.

Kohlhernie

Diese Krankheit der Kohlgewächse (siehe Seite 14) wird durch den im Boden lebenden parasitischen Einzeller *Plasmodiophora brassicae* verursacht. Er verursacht knollenartige Gallen im Wurzelbereich und führt zu Wachstumsstörungen. Da der Erreger in saurem Boden lebt, kann es helfen, den Boden-pH-Wert auf über 6,5 anzuheben.

Umfallkrankheit
Diese Pilzerkrankung tritt bei zu dichter Saat auf, wenn also die Abstände zwischen den Sämlingen zu gering sind. Die Sämlinge sterben dann ab. Die Krankheit kann sich schnell im ganzen Gewächshaus ausbreiten. Um das zu vermeiden, ist es wichtig, alle Anzuchtbehälter sorgfältig zu reinigen. Nie zu dicht säen, damit zwischen den Sämlingen Luft zirkulieren kann.

Mehltau
Diese Pilzerkrankung befällt in feuchtwarmen Sommern oft die Blätter von Kürbisgewächsen. Ein weißer Belag zeigt sich zuerst auf den ältesten Blättern, er kann auch auf die Früchte übergehen und diese faulen lassen. Am einfachsten ist es, befallene Blätter zu entfernen oder resistente Sorten zu wählen. Auch Kohlgewächse (siehe Seite 14) und Erbsen (siehe Seite 102) können von Mehltau befallen werden. Entfernen Sie erkrankte Teile. Durch regelmäßiges Gießen lässt sich dem Befall in gewissem Maß vorbeugen.

Viruserkrankungen
Tomaten (siehe Seite 115) können von verschiedenen Viren befallen werden. Anzeichen sind oft verkrüppelte Blätter oder ausbleibende Fruchtbildung. Befallene Pflanzen sollten Sie restlos entfernen und vernichten, da das Virus durch Blattläuse (siehe Seite 132) oder andere Überträger verbreitet werden kann.

Nährstoffmangel
Wenn das Wachstum oder die Blühfreudigkeit nachlässt oder die Pflanzen nicht mehr grün und vital wirken, können Nährstoffe fehlen. Dies ist sogar die häufigste Störung bei Gemüsepflanzen. Stickstoffmangel äußert sich durch vergilbende Blätter, Kaliummangel durch spärliche Blüte und schwachen Fruchtansatz. In beiden Fällen lässt sich mit Flüssigdünger (siehe Seite 27) schnell Abhilfe schaffen. Arbeiten Sie regelmäßig organisches Material wie Komposterde in den Boden ein und düngen Sie ausreichend, dann treten solche Störungen normalerweise nicht auf. Wenn sich dennoch die Blätter verfärben oder die Pflanze krank aussieht, kann ein spezieller Nährstoff fehlen. Eine Bodenuntersuchung kann Aufschluss geben.

Kalziummangel
Bei Kalziummangel kann es bei Tomaten (siehe Seite 115), Auberginen (siehe Seite 120) und Paprika zu Blütenendfäule kommen. Dunkle Flecken treten zuerst an den Unterseiten der Früchte auf und breiten sich dann aus, sodass die Früchte ungenießbar werden. Oft ist die Ursache kein Mineralstoffmangel im Boden, sondern unregelmäßiges Gießen, sodass die Pflanzen nicht gleichmäßig mit Kalzium versorgt werden.

Arbeiten im Jahreslauf

FRÜHJAHR

Im Frühjahr erwacht der Nutzgarten zum Leben. Der Boden erwärmt sich, die Tage werden länger – gute Bedingungen, um Pflanzen im Haus vorzuziehen oder direkt ins Freiland zu säen. Im zeitigen Frühjahr, wenn noch Frost droht, besteht kein Grund zur Eile. Wer aber jetzt bereits mit der Anzucht beginnt, kann später aus dem Vollen schöpfen. Aufkeimende Unkräuter in den Beeten gilt es, von mehrjährigem Gemüse zu unterscheiden, das teilweise jetzt schon austreibt und im mittleren Frühjahr Erträge liefert, wenn sonst noch nichts zu ernten ist. Prüfen Sie die Temperatur des Bodens in 5 cm Tiefe. Sobald die Temperatur bei 7 °C liegt, kann die Aussaat beginnen.

Anbau

- In zeitigen Frühjahr Gemüse für die Frühsommerernte säen (Rote Bete, Rüben, Pak Choi, Brunnenkresse, Spinat, Frühlingszwiebeln), ebenso Gemüse, das eine kühle Anfangsphase benötigt (Brokkoli, Kopfkohl, Kohlrabi, Rucola). Tomaten, Paprika, Okra, Oka, Tomatillo, Mais, Stangen- und Knollensellerie, Erdnüsse und alle Kürbisgewächse im Haus vorziehen. Sie vertragen keinen Frost.
- Im zeitigen Frühjahr Lauch in ein Saatbeet säen und im Spätfrühjahr an den endgültigen Platz umpflanzen.
- Im mittleren Frühjahr Blattgemüse wie Salat, Mangold, Mizuna, Ampfer und Spinat in Anzuchttöpfe säen.
- Im mittleren Frühjahr Steckzwiebeln, Steckschalotten und vorgekeimte Kartoffeln pflanzen.
- Buschbohnen im Haus aussäen, alternativ im Freiland, wenn die Bodentemperatur konstant bei 12 °C liegt.
- Wurzelgemüse (Möhren, Steckrüben, Petersilienwurzel, Radieschen, Rettich und Pastinaken) sowie Feldsalat, Mais und Zuckerschoten direkt ins Beet säen.
- Im späten Frühjahr Karotten ins Freiland säen, Sojabohnen und Stangenbohnen in größeren Töpfen, Sprossbrokkoli und Rosenkohl in Anzuchttöpfen vorziehen.
- Im Haus vorgezogene Pflanzen allmählich abhärten, um sie auszupflanzen, wenn keine Frostgefahr mehr besteht (meist ab Mitte Mai).
- Mehrjähriges Gemüse (Erdbirne, Topinambur, Meerkohl, Rhabarber) pflanzen, wenn die Bodentemperatur bei 7 °C liegt. Bis zum Anwachsen regelmäßig gießen.

Pflege

- Das zeitige Frühjahr ist die letzte Chance, um den Boden umzugraben oder zu mulchen.
- Unkraut regelmäßig entfernen, damit es später in der Saison nicht wuchert.
- Regentonnen frühzeitig in Betrieb nehmen, um genug Wasser für den Sommer aufzufangen.

Ernte

- Im zeitigen Frühjahr überwintertes Gemüse wie Kohl, Grünkohl, Mangold, Kohlrabi, Mizuna, Komatsu-

Wer Kartoffeln an einem frostfreien, hellen Platz vorkeimt, kann früher ernten.

na, Meerkohl, Spinat, Feldsalat und Sprossbrokkoli ernten, außerdem die letzten Pastinaken und Lauchstangen entnehmen, bevor sie Blüten bilden und holzig werden.

- Im mittleren Frühjahr mehrjähriges Gemüse wie Rhabarber, Meerkohl und Spargel ernten.
- In warmen Jahren kommt im späten Frühjahr das erste junge Blattgemüse auf den Tisch.
- Im späten Frühjahr Ackerbohnen, frühe Erbsen, Karotten, Radieschen, Frühlingszwiebeln, Artischocken, Radieschenschoten, Ampfer und junge Rote Bete ernten.

SOMMER

An den langen, warmen Sommertagen verbringt man besonders viel Zeit im Garten. In dieser Jahreszeit reifen besonders viele Sorten und die Beetflächen füllen sich schnell. Die Vielfalt an jungem Gemüse ist gerade nach den Wintermonaten ein Hochgenuss. Wenn Sie jetzt nicht regelmäßig ernten, stellen manche Pflanzen die Fruchtbildung ein, andere schießen in Saat. Gegen Ende des Sommers ist zu überlegen, welche Gemüsearten Sie überwintern wollen.

Anbau

- Im Frühsommer besteht keine Frostgefahr mehr und das letzte kälteempfindliche Gemüse kann in den Garten ausgepflanzt werden.

- Im Frühsommer Grünkohl in Anzuchtschalen und Sojabohnen in Töpfe säen.
- Regelmäßig kleine Mengen Salat im Haus und im Beet säen, um fortlaufend ernten zu können.
- Weitere Folgesaaten legen, zum Beispiel Rote Bete, Radieschen, Zuckererbsen, Radieschenschoten, Spinat, Steckrüben und Möhren.
- Im Hochsommer Gemüsefenchel in Töpfen vorziehen oder ins Beet säen.
- Im Hoch- oder Spätsommer beginnt die Aussaat von Herbst- und Wintergemüse wie Endivie, Chicorée, Gartensalat, Mangold, Winterportulak, Komatsuna, Feldsalat, Pak Choi und Kohl. In Töpfen oder Schalen vorziehen, damit das Sommergemüse im Beet ausreifen kann, bevor die Herbstarten Platz beanspruchen.
- Im Spätsommer Steckrüben, Rucola, Mizuna und Rüben direkt ins Beet säen.

Pflege

- Regelmäßig jäten, vor allem im Frühsommer. Unkraut sollte nicht blühen oder Samen bilden.
- Bei trockenem Wetter gießen. Vorher die Feuchtigkeit unter der Erdoberfläche prüfen, denn gesunder Boden speichert Wasser in der Tiefe, während die oberste Schicht (ca. 1 cm) trocken ist.
- Vor allem Fruchtgemüse regelmäßig mit Flüssigdünger versorgen, damit die Pflanzen gesund wachsen.
- Auf Krankheiten und Schädlinge achten, denn viele treten bei feuchtwarmem Sommerwetter auf (siehe Seite 132).

Ziehen Sie etwas Gemüse im Haus vor, so verlängert sich die Anbausaison.

Ernte

- Fortlaufend Salat und später ausgesäte Möhren, Radieschen Frühlingszwiebeln, Radieschenschoten, Komatsuna, Spinat, Mangold, Kohl und Rote Bete ernten.
- Im Frühsommer Zuckerschoten, die restlichen Erbsen und Ackerbohnen ernten. Nicht vergessen, Samen aufzubewahren (siehe Seite 118).
- Vom Frühsommer an Rüben, Pak Choi und Kartoffeln ernten.
- Im Hoch- oder Spätsommer Knoblauch, Schalotten und Zwiebeln ernten, gut trocknen lassen und einlagern.
- Im Hoch- bis Spätsommer Zucchini, Gurken, Busch- und Feuerbohnen, Tomaten, Brokkoli, Blumenkohl, Gemüsefenchel, Cucamelonen, Toma-

tillos, Agretti, Auberginen, Mais und Paprika ernten.
- In Spätsommer mit der Ernte von Sojabohnen und Okra beginnen.

HERBST

Noch ist der Boden warm genug, um die letzten Gemüsearten ins Freiland zu säen. Vor allem gibt es jetzt aber viel zu ernten, zu verwerten und für den Wintervorrat einzulagern. Bevor im Spätherbst die ersten Frostnächte kommen, sollten Sie das kälteempfindliche Gemüse abgeerntet haben, um Enttäuschungen zu vermeiden.

Anbau

- Mangold abhärten und auspflanzen.
- Im Frühherbst Schild-Ampfer, Ackerbohnen und Erbsen zum Überwintern in Töpfe säen und auspflanzen, wenn das Sommergemüse geerntet ist.
- Von der Herbstmitte an Knoblauch ins Beet stecken, damit er vor dem Winter anwachsen kann.
- Im Frühherbst schnell wachsendes Gemüse wie Radieschen, Rüben, Gartensalat und Spinat säen und vor dem ersten Frost ernten.
- Im Frühherbst mehrjähriges Gemüse (Spargel, Rhabarber) pflanzen, solange der Boden noch warm ist.
- Chicorée mitsamt den Wurzeln ausgraben und zum Treiben vorbereiten (siehe Seite 68).

Ziehen Sie die Lauchstangen samt Wurzeln aus dem Boden. Vorher ringsum den Boden lockern.

Pflege

- Im Spätherbst das Gemüse mit Vlies abdecken, um die Erntezeit zu verlängern.
- Weiter regelmäßig Unkraut jäten, weil es im warmen Boden schnell Samen bildet.
- Freie Beete mulchen, sofern sie nicht umgegraben werden sollen.

Ernte

- Weiterhin Okra, Rote Bete, Pak Choi, Endivien, Möhren, Rucola, Feldsalat, Spinat, Radieschen, Agretti, Mais, Gemüsefenchel, Sojabohnen, Cucamelonen und Brunnenkresse ernten.
- Knollen- und Stangensellerie, Oka, Lauch, Erdnüsse, Steckrüben, Chicorée, Winterportulak, Topinambur, Pastinaken, Petersilienwurzeln und Yacón ernten.
- Die letzten Tomaten, Paprika, Auberginen, Gurken und Bohnen ernten. Überschüsse einfrieren oder einkochen.
- Wurzel- und Knollengemüse wie Kartoffeln und Süßkartoffeln ernten.

Wurzelgemüse können Sie in einer Erdmiete lagern und den Winter über so viel entnehmen, wie Sie brauchen.

Einige makellose Knollen für das kommende Jahr aufbewahren.

- Kürbisse ernten. Zur Lagerung muss die Schale aushärten.
- Für die folgende Saison Samen von Tomaten, Kürbisgewächsen, Hülsenfrüchten und Paprika sammeln (siehe Seite 118).
- Vor dem ersten Frost die letzten Salate ernten.
- Im Spätherbst Grünkohl, Brokkoli, Kohlrabi, Mizuna, Komatsuna, Kopfkohl und Blumenkohl ernten.
- Erdbirnen ausgraben und einige Knollen für die nächste Saison aufbewahren.

WINTER

Auch in der kalten Jahreszeit ist im Nutzgarten einiges zu tun. Winterhartes Gemüse können Sie weiterhin ernten und am Ende des Winters beginnt die Aussaat. Jetzt ist aber auch Zeit, Pläne für das neue Gartenjahr zu schmieden und Vorbereitungen zu treffen.

Anbau

- Bis zur Wintermitte kann Knoblauch ins Beet gesteckt werden.
- Im Spätwinter Zwiebeln, Schalotten, Frühlingszwiebeln, Blumenkohl und Brokkoli säen. Gemüse mit langer Saison (Paprika, Meerkohl, Artischocken und Auberginen) können Sie bei aus-

Ziehen Sie Gemüse, das nur langsam reift, im Haus oder beheizten Gewächshaus vor.

reichender Wärme in Anzuchttöpfen vorziehen.

- Lichtmangel ist um diese Zeit eins der größten Probleme. Sämlinge profitieren jetzt von Pflanzenleuchten.
- Im Spätwinter unter Glas Lauch, Frühlingszwiebeln, Agretti, Erbsen, Ackerbohnen, Zuckerschoten, Spinat und Spargel säen.
- Im Spätwinter Süßkartoffelstecklinge antreiben (siehe Seite 88).

Pflege

- Den Boden aufbereiten – es sei denn, er ist extrem nass, dann wird er durch die Bearbeitung leicht verdichtet.
- Überwinterndes Gemüse bei Bedarf mit Vlies abdecken.
- Alle Töpfe und Schalen säubern, Werkzeug reinigen und schärfen.
- Die Gewächshausscheiben putzen, damit möglichst viel Licht hineinfällt. So können auch überwinternde Schädlinge und Krankheitserreger dezimiert werden.
- Die nächste Saison planen, Saatgut bestellen.

Ernte

- Im Frühwinter Rüben und Rettiche ernten.
- Sprossbrokkoli, Pastinaken, Grünkohl, Kopfkohl, Mizuna und Rosenkohl ernten. Die Pflanzen wachsen jetzt langsamer. Ernten Sie nur, was Sie brauchen, und gönnen Sie den Pflanzen zwischendurch Ruhe.
- Im Haus gezogenes Blattgemüse für Salate ernten. Um die Wintermitte nur wenige Blätter abnehmen, weil manche Arten um diese Zeit das Wachstum ganz einstellen.
- Weiterhin Lauch, Mangold, Steckrüben, Endivien, Chicorée, Winterportulak, Rucola, Topinambur und Feldsalat ernten.

Register

Kursiv gedruckte Seitenzahlen verweisen auf Illustrationen oder Kastentexte.
Fett gedruckte Seitenzahlen verweisen auf den Haupttext zur jeweiligen Gemüseart.

1. Auflage 2021

ISBN 978-3-258-08222-6

Aus dem Englischen übersetzt von Wiebke Krabbe, D-Damlos
Lektorat der deutschsprachigen Ausgabe: Frauke Bahle, D-Merzhausen
Satz der deutschsprachigen Ausgabe:
Die Werkstatt Medien-Produktion GmbH, D-Göttingen
Design: Arianna Osti
Konzept, Gestaltung und Produktion: Frances Lincoln,
an imprint of the Quarto Group
The Old Brewery, 6 Blundell Street London, N7 9BH, United Kingdom
www.QuartoKnows.com

Die englischsprachige Originalausgabe erschien 2020 unter dem Titel *The Kew Gardener's Guide to Growing Vegetables* bei Frances Lincoln, einem Imprint der Quarto Publishing Group.

Printed in China

Um lange Transportwege zu vermeiden, hätten wir dieses Buch gerne in Europa gedruckt. Bei Lizenzausgaben wie diesem Buch entscheidet jedoch der Originalverlag über den Druckort. Der Haupt Verlag kompensiert mit einem freiwilligen Beitrag zum Klimaschutz die durch den Transport verursachten CO_2-Emissionen. Wir verwenden FSC-Papier. FSC sichert die Nutzung der Wälder gemäß sozialen, ökonomischen und ökologischen Kriterien.

Diese Publikation ist in der Deutschen Nationalbibliografie verzeichnet. Mehr Informationen dazu finden Sie unter http://dnb.dnb.de.

Wir verlegen mit Freude und großem Engagement unsere Bücher. Daher freuen wir uns immer über Anregungen zum Programm und schätzen Hinweise auf Fehler im Buch, sollten uns welche unterlaufen sein. Falls Sie regelmäßig Informationen über die aktuellen Titel im Bereich Gestalten erhalten möchten, folgen Sie uns über Social Media oder bleiben Sie via Newsletter auf dem neuesten Stand!

www.haupt.ch

DANK

Ich möchte allen danken, die mich bei der Arbeit an diesem Buch unterstützt haben: Martin, der von Anfang an dabei war und sich jetzt mit der Verwertung von Zucchinimassen und grünen Tomaten gut auskennt; Liz, Laura, Alix, Lou, Stiggles, Mark und Pin, die mich mit Kaffee und Bier versorgt und meinen endlosen Vorträgen über Gemüse mit viel Geduld und Wohlwollen zugehört haben; meiner Mutter, Val und meinem Vater, die mich schon früh ans Gärtnern herangeführt haben.

Vielen Dank an Joe Archer und Martin O'Halloran, die mich nach Kew gebracht haben und nach wie vor meine Mitarbeit im Kitchen Garden unterstützen.
Die Zusammenarbeit mit Kew Publishing war ein Vergnügen, darum danke ich Gina Fullerlove und ihrem Team, die diesem Buch den Weg geebnet haben. Vielen Dank an Joanna Chisholm und Helen Griffin für ihre Unterstützung während der gesamten Arbeit an diesem Buch.

BILDNACHWEIS

o=oben; u=unten; M=Mitte; l=links; r=rechts
© Alamy 11 FLPA, 133 Matthew Taylor, 139 Alison Thompson © Hélèna Dove 15ul, 47, 55, 73mr, 81, 86, 89, 95, 105, 111, 112, 119, 125ml, 125u, 129, 141 © GAP Photos 18 Gary Smith, 73u Gary Smith, 85 Leigh Clapp, 140 © Shutterstock 6–7 EsHanPhot, 8 Hquality, 12 Sarah2, 15ol MargoLLL, 15am Doikanoy, 15or Peter Turner Photography, 15um Ctatiana, 15ur Annaev, 16 Alexander Raths, 23 TanaCh, 24 Katarzyna Mazurowska, 25 Swellphotography, 27 zlikovec, 28–9 nnattalli, 30 Videowokart, 31 Graham Corney, 33 yuris, 35ol Del Boy, 35or HildaWeges Photography, 35ml Del Boy, 35mr Vintagepix, 35u lunamarina, 36 RusticFOTO, 37 jgolby, 39a alicja neumiler, 39u yuris, 40 Danny Hummel, 41 Zigzag Mountain Art, 42l A la Musubi, 45 Africa Studio, 50 Michaelpuche, 52Ml Vezzani Photography, 52ur Peter Turner Photography, 53 Morlaya, 58 Peter Turner Photography, 60 giedre vaitekune, 63 annarepp, 64l Ryoko Fujiwara, 64r lamnee, 65l kariphoto, 65r lamnee, 68 Peter Turner Photography, 69 avoferten, 70 PosiNote, 71 Africa Studio, 73ol Peter Turner Photography, 73or Lertwit Sasipreyajun, 73Ml Graham Corney, 79 Graham Corney, 82 vaivirga, 83 NataLima, 84 nnattalli, 90 Mirage_studio, 91 Suwicha, 92l Olgalele, 92r ArtCookStudio, 93 doolmsch, 96 CreativeMedia.org.uk, 97 Peter Polak, 98 Manfred Ruckszio, 101 Chatsushutter, 102 igorstevanovic, 103 FlorinRO, 107 Henrique Lima BR, 108 Niwat Sripoomsawatt, 109 MarinaKarkizova, 113 P T Pictures, 114l Alice Heart, 114r lamnee, 117 Joanna Tkaczuk, 123 Peter Turner Photography, 125ol Graham Corney, 125or Deyan Georgiev, 125Mr Lena Kudim, 126 Peter Turner Photography, 127 corners74, 137 Swellphotography, 138 veou